権力移行

何が政治を安定させるのか

牧原 出

Makihara Izuru

NHK BOOKS 1205

NHK出版【刊】

Printed in Japan
［校閲］株式会社 鷗来堂
［章扉デザイン］諸藤剛司
［DTP］㈱ノムラ

◉

目次

自民党・派閥の系譜（2001年まで）

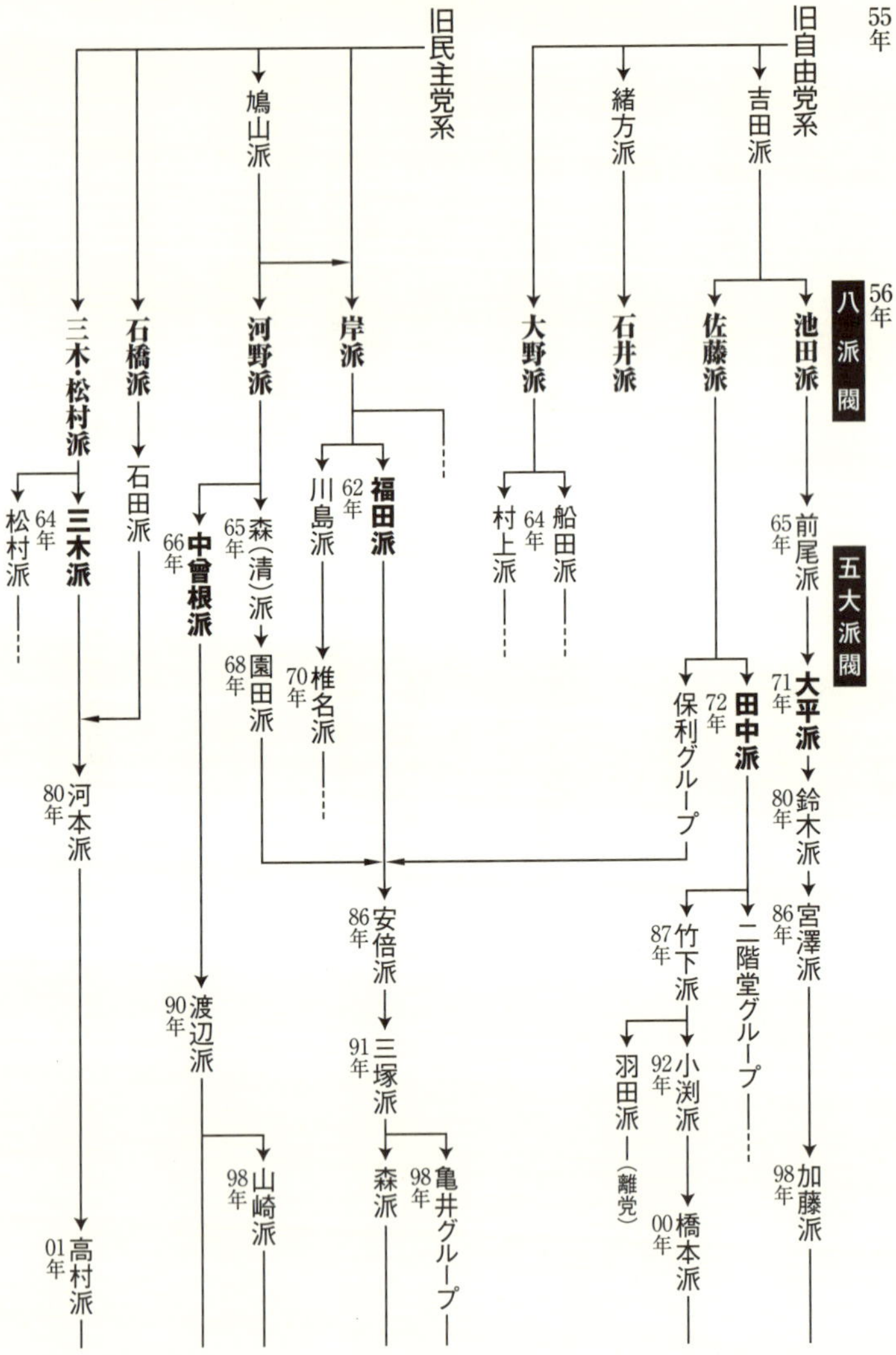

はじめに

避けられない政権の交代

二〇〇九年の総選挙で民主党が圧勝して、日本の憲政史上初めて、少数野党が選挙で過半数議席を得て政権を組織した。二〇一二年の総選挙での自民党の圧勝と第二次安倍晋三内閣の成立も、やはり少数野党が選挙で勝利して政権を獲得した点で、まさしく「政権交代」の産物であった。

もっとも、民主党政権の混乱と失敗を思い起こすと、二〇〇九年の政権交代に対して大きな幻滅を感じる人も多いに違いない。さらに言えば、政権交代そのものに対して疑問を抱く人もいるであろう。

だが、現在、社会の多くの場面で耳にするのは、「十年後はどうなっているか分からないね」という会話である。十年後の学校、十年後の会社、十年後の地域、十年後の年金と医療……内外で大きな変動が起こるであろうことを思えば、それぞれは今と同じであるわけがないし、もしかすると消えてなくなっているかもしれない。十年後、現在の政権が続いているということは、さすがに考えにくいであろう。ましてや、かつての自民党のように特定の政党が数十年にわたって与党でいつづけることはあり得ない。突発的な大問題に対処できず、政権が崩壊に至るといったことが起こらないとも限らない。仮に十年近く現在の政権が続いたとしても、その間に生じた問題で混乱をきわめ、国民から選挙でノーを突きつけられることもありうる。選挙による何らかの政権の交代は、これからの時代では避けられないと考えるのが、バランスの取れた見方、成熟した見方というものである。

では、今後、右からであれ左からであれ、政権の交代が起こった場合に、二〇〇九年以後のような混乱に陥らないためにはどうすればよいのだろうか。

そのためには、内閣が交代する瞬間をもう一度振り返ることが有益であろう。政治学では、同一与党のもとでの内閣の交代は政権継承（succession）と呼ばれ、与党と野党が入れ替わる場合は政権移行（transition）と呼ばれることが多い(1)。日本では政権交代による政権移行の事例は二つだが、政権継承の事例は、自民党誕生後、内閣の交代の度に積み重ねられてきた。そこで本書では、まず戦後日本の歴史をさかのぼって、その政権継承と政権移行を丁寧に見ていきたい。すると、自民党長期政権の時代には、様々な工夫を重ねることで政権継承を円滑にするような配慮がなされてきたことがわかるであろう。また海外に目を向ければ、アメリカやイギリスのように政権交代が繰り返し生ずる国では、交代の際に、政権を担当する政党が入れ替わっても権力の移行を切れ目なく進めるための制度改革が重ねられてきた。政権継承と政権移行を的確に行った内閣のみが、長期の安定政権を作り上げたと言えるのである。こうした歴史と比較から学ぶことによって、将来の日本政治も、混乱に陥ることなく政権交代を重ねることができるようになるであろう。

自民党の政治史と同時代史の分析

それでは、どのように戦後政治史を振り返ればよいのであろうか。ここでは、二つの「政権交代」に共通した政治的対立の原点を取り出してみたい。第一は、一九五五年の自由民主党の誕生である。自民党の結党以後、自民党と非自民党とのどちらが政権を組織するかが、選挙で争われた。もっとも、かつては自民党のみに政権担当能力があることがほぼ常識であり、非自民党の政権が登場するとは真剣には考えられていなかった。これに対して、二つの「政権交代」の時代では、自民党が野党に転落したまま三年が経ち、今や有権者は自民党を、与党にも野党にもなりうる普通の政党とみなすようになっている。

原点の第二は、一九八八年に発覚したリクルート事件に端を発し九四年の政治改革関連法の成立によって決定づけられた「政治改革」、すなわち政治資金規正と小選挙区比例代表並立制の衆議院選挙制度の改革であった。小選挙区制を導入することによって、分立していた多数の政党が二大政党に収斂《しゅうれん》されていき、最終的に政権交代が可能になるであろうと考えられたのである。また、結果として九三年から九四年にかけて、細川護熙《もりひろ》内閣・羽田孜《つとむ》内閣という非自民連立政権が生み出された。もっとも、両内閣が政治改革関連法の成立以外には何を残したのか定かでないまま、社会党委員長の村山富市《とみいち》を首班とする自社さ連立内閣で自民党は政権に復帰した。だが、細川・羽田内閣は自民党政権を変えるために改革を目指し、村山内閣もまた与党のうち社会党と新党さきがけは、やはり自民党政権の性格を変えようと改革を主張した。これは自民党単独内閣を発足させた村山後の橋本龍太郎内閣も継承せざるをえなかった。さらに、小泉純一郎内閣は高い支持率を誇り、構造改革を進めて長期政権を担った。かくして、政治改革以後は、改革が波状的に続いたのである。

このように、本書は自民党誕生と政治改革とを時代の画期とみなす。つまり、まず政治改革以前を自民党長期政権の確立の歴史として描く。次に、政治改革以後の時代については、同時代史としてオーラル・ヒストリーやインタビュー結果を利用しつつ分析を積み重ねることを目指す。歴史的過去として時代をとらえる点は同じであるが、同時代に提唱された改革構想とそれをめぐる分析の中に政治状況を位置づけ、政権交代が繰り返し起こる時代において、あるべき改革の方向性を見据えるのである。

自民党長期政権については、これまではマスメディア報道の対象であるか、現代政治の分析対象であると考えられてきた。そこでは、選挙における得票の構造分析、派閥政治の実態の検証、政務調査会（政調会）における政策決定の制度化が着目されてきた。新聞・テレビは記者の取材による情報の蓄積の上に立って報道を続け、政治学者は新聞情報を取捨選択し、また統計データを駆使して、政治過程を描いてきた。しかし、様々な史料を解釈し、歴史的事象として再構成すれば、従来の研究や報道から漏れている要素が浮かび上がる。本書第一章では、こうした諸点に目配りしながら自民党長期政権の確立過程を扱う。ここでは一九八〇年代までを対象とし、内閣の交代を節目に、オーソドックスな戦後政治史の叙述を目指す。

次に、政治改革を出発点とする一九九〇年代以降の「改革の時代」では、同時代を歴史的事件として証言した記録であるオーラル・ヒストリーが有効である。筆者自身参画したいくつかの記録を活用するのみならず、そうした経験をもとにほかのプロジェクトで作成された記録や新聞などに掲載された談話の中から、そのときどきの権力構造を映し出していく。

また、改革の方向を明らかにした諮問機関の報告書も重要な史料として活用する。諮問機関の報告書は、諮問機関の委員と事務局の官僚との合作であることが通例だが、改革の論理構造を摘出するには不可欠の素材である。アメリカ、イギリスなどアングロ・サクソン諸国では、大統領制ないしは議院内閣制のもとで正統性を付与された諮問機関の伝統が根強く、改革を論ずる際にはその報告書を読み解くことが分析の出発点となっている。(2) これまでの日本の政治研究では、諮問機関の報告書より、諮問機関の審議の根回しや与党内調整、議会審議過程などがもっぱら着目されてきた。だが、改革が渦巻く時代には、やはり報告書の再読、再々読が不可欠である。本書では、最重要と思われる箇所を引用することで、改革の流れを見通す視点を示したい。それこそ、今後の日本政治を考える上で重要な視点だからである。

本書の第二章以降は、この「改革の時代」を対象とし、もろもろの改革の相互関係に着目しながら、戦中戦後からの歴史的経緯を振り返りつつ、その帰結を論じていく。ここでは、内閣の交代よりは、持続する改革構想を軸に叙述を進める。また、改革の推進者であった官邸の戦略、改革の対象と目されながらこれに抗して強固に影響力を保持した省庁官僚制、さらには失敗した改革として国家公務員制度改革をとりあげる。そして最終章の第六章で、政権交代の時代において政権交代の仕組みの改善という意味で「政権交代の進化」が必要であることを論じる。政権移行を円滑に進めない限り、政権交代は失敗というレッテルを貼られてしまうことは、二〇〇九年以降の日本が学んだことである。そのため、アメリカ、イギリスで試みられている政権移行の制度設計について検討することとしたい。

政権移行と権力の「裁定」

自民党長期政権は、同一政党内で政権継承を工夫してきた。一九八〇年代までは、今では考えにくいが、「長老」による「裁定」が重要な役割を果たしていた。一九七四年に金脈問題で退陣した田中角栄総裁の後任に、大方の見立てに反して三木武夫を指名した椎名悦三郎《えつさぶろう》副総裁の「椎名裁定」が典型である。首相経験者など「長老」という裁定者が、党内の派閥対立を緩和するとともに、政権党としての自民党のあり方について構想し続けていたのである。

だが、政治改革以後、「長老」は次第にその政治的役割を失い、最強派閥を率いた竹下登の死(二〇〇〇年)とともに終焉する。代わって、二〇〇一年に発足した小泉純一郎内閣以後、「官邸主導」が政策形成のモデルとなる。小泉にとり、官邸主導の先例は、一九八〇年代の中曽根康弘《やすひろ》首相が掲げた「大統領的首相」であった。中曾根も小泉も総裁選挙を制して首相に就任し、衆議院解散を断行して圧勝することで、大統領的首相の正統性を固めた。また中曾根は当時の最長老である岸信介《のぶすけ》の死後、長老不在の状況下で後継総裁に竹下を指名した。小泉もまた、政界で経験の長い中曾根、宮澤喜一《きいち》を定年制導入によって引退に追いやり、安倍晋三を官房副長官・官房長官に抜擢するなどして事実上後継総裁に見立て、安倍が総裁選挙で圧勝する環境を整備した。彼らは長老なき時代に、首相として自ら権力の裁定者となったのである。

とはいうものの、第一次安倍内閣以後は官邸が次第に機能不全を起こし、二〇〇九年の政権交代を迎える。民主党政権の混迷は政権交代そのものの意義を問いかけたが、政権移行の重要性を認識する機会ともなった。自民党長期政権で重ねられてきた政権継承が再度重要になったとも言える。むろん、ここでは権力の裁定者は国民である。しかし、国民は投票の瞬間に権力にかかわるに過ぎない。その後の政権が発足するにあたってきめ細かい手当をすることはできず、遠くから眺めるしかない。投票に表れた国民の意思が無用の混乱と化すのを防ぎ、その意思を具体化するためには、政権の継承と移行の仕組みの整備が必要なのである。一定のルールにもとづいて円滑に政権移行を進めることが、国民が投票によって方向づけた政治を補完する。そうした制度の整備があって、初めて安定的な政権を実現する基盤が作られる。またそれこそが、国民が名実ともに選挙を通じて政治を「裁定」するための条件なのである。

自民党結党後、権力の裁定様式の変遷から見れば、政権継承は当初、総裁公選を前提としながら、長老による後継総裁の指名という仕組みを底流としていた。だがそれは、次第に総裁公選での圧勝、衆議院選挙での勝利という、国民の間接・直接の支持による総裁の後任指名という形に変わる。そして最終的には、国民が政権を選択する「政権交代」へと変容するのである。

こうしてみると「政権交代」は、自民党長期政権の対極でもあり得るが、そこから生み出された嫡子《ちゃくし》でもある。つまり、自民党長期政権のメカニズムを冷静に観察しない限り、今後の政権交代を円滑に進めることはできない。仮に政権が現時点で安定的に運営されているとしても、将来生じうる政権への失望が、突然の政変につながった場合、一層の混乱が起きるだけであろう。そもそも、政権は交代するが、政治のシステムがそれと同時に一変するわけではない。政治社会に根づいたシステムである以上、少しずつ変容していくのである。

自民党長期政権を否定するのが政権交代である。だが政権交代を可能とする政治システムは、自民党長期政権の下での政治システムから生まれるものであり、そこから連続的かつ漸進的に変形した結果なのである。

日本政治のこれからを見通せるかどうかは、自民党長期政権の時代の政治システムと政権交代の時代の政治システムとの連続性をどの程度深く理解するかにかかっているのではないか。それが本書の基本的な発想なのである。

第一章
自由民主党「長期政権」の確立

挙党体制確立協議会の派閥解消実行委員会朝食会に出席した（左から）大平正芳蔵相、椎名悦三郎、福田赳夫、船田中、保利茂、西村英一（1976年10月28日撮影　写真：読売新聞／アフロ）

一　自民党の成立と定着

結党の目的

一九五五年十月十三日、左右社会党統一の党大会が開催され、日本社会党は衆議院百五十五名の勢力となった。これに危機感を抱いた民主党と自由党が十一月十五日に合併（保守合同）し、自由民主党（自民党）が結成された。これらを受けて十一月二十二日に、合同前の民主党総裁であり、首相であった鳩山一郎は国会で引き続き首相に指名され、第三次鳩山内閣を発足させた。内閣発足に当たって鳩山首相は所信をこう表明した(1)。

私は今日三度首班の指名を受けて本日組閣を完了し、午後任命認証式をとどこおりなく終了致しました。申すまでもなく新内閣は最近ようやく実現をみた、いわゆる保守合同の成果に基づき、新たに絶対多数党として発足した自由民主党を基礎として成立したものでありますが、それだけにわれわれはこの絶対多数党に寄せられる国民の期待と信頼とに対して、いままでよりも何倍からの大きな責任を痛感しております。私は従来しばしば合同は政策実行の﹅た﹅め﹅の﹅手﹅段﹅であると申してきましたが、その手段成った今日からは、ただ一意公約した政策の実現に全力

を注ぐ決意であります。（傍点は引用者による）

鳩山は、保守合同を「政策実行のための手段」ととらえたうえで、行政機構改革、税制改正、憲法改正を課題に掲げた。続けて鳩山は、自民・社会の「二大政党」の出現を前にこう述べた。

今回、保守と革新の政党が期せずしてそれぞれの統一を完成し、二大政党対立の姿を示すに至ったことは、わが国における民主主義と議会政治発展のためまことに喜びにたえません。しかしながら二大政党対立の真の意義は、決して外形にあるのではなくて、その正しい運用にあります。私はこの機会に与、野党の間で良き先例を作り重ねることによって動かし難い議会政治のルールを確立し、本当に正しい民主政治のあり方を打ち出したいと念願しております。（傍点は引用者による）

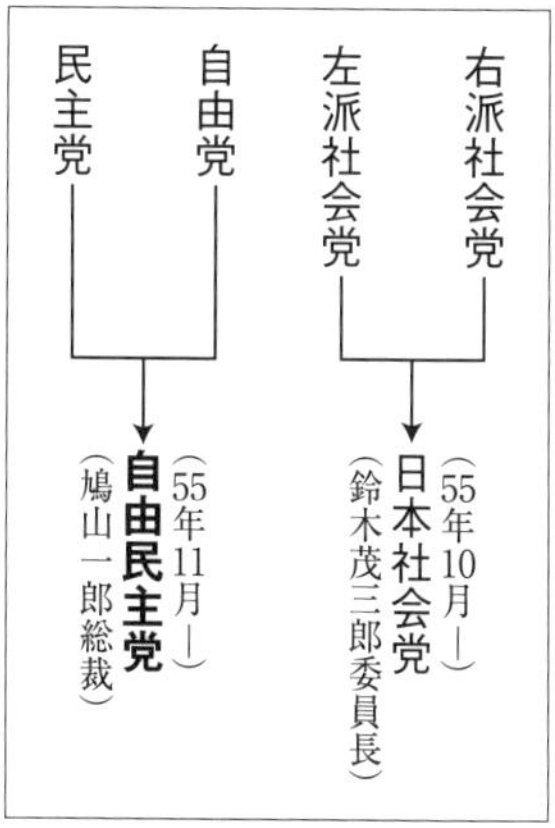

1955年の2つの合併

保守合同が「政策実行」の条件であるのと同様、自社の「二大政党対立」の中で「議会政治のルール」を決定することもまた、法律の制定という「政策実行」の条件である。いずれも毎年度の国会審議の中心的議題である予算と関連法の制定の際に、その必要性が痛感されていたことであった。

事実、一九五三年度以降、与党は過半数議席を確保し得ない少数政党として、あるいは総裁を非難する議員の離党によって少数政党に転落しかねない状況で、予算編成を強いられてきた。その結果、予算の編成のたびに与野党交渉による修正が行われたのである。加えて、敗戦後の日本国憲法のもとで制定された国会法は、議員一人による議員立法の提案を認めていた。このため、占領が終結した五二年度からは、選挙を目前にして選挙区に利益還元を図るため、予算の増額修正を求める議員立法が相次いだのである。

議会政治のルール

こうした状況に直面して、大蔵省は政党に対し、予算編成手続きの「ルール」形成を強く求めた。この要求が容《い》れられて、一九五三年度予算編成の際に、主計局長であった河野《こうの》一之は、政党間交渉に事務方として参画することを池田《いけだ》勇人《はやと》政務調査会長（政調会長）から求められた。そのとき河野は三つのルールを各党に認めさせた。一つには予算の総額を増加させないこと、二つにはある項目で増額するならば別の項目で削減すること、三つには新しい内容を持つ項目を新設しないことである。河野はのちに「このときにたてたルールが先例となって、その後の予算の国会修正には、これが守られている」と回顧している。(2)

こうした大蔵省が主張していた予算編成手続きのルール形成は、議員立法の条件を厳しくして議員単独では提案をできないようにした一九五五年の国会法改正が一つの到達点であった。しかし、それは決して十分ではなかった。保守合同の翌年、大蔵省事務次官をすでに辞職していた河野は新聞への寄稿で、予算の増額修正と議員立法の制限については、制度改正のみならず、政党内の統制力を含めた「政治のルール」を慣習として確立することが必要であると訴えた。[3] このように、「政治のルール」の確立は、大蔵省にとり一貫した政治への要求であり、冒頭に掲げた鳩山首相の所信は部分的にそれを受けたものであった。

そして注目すべきは、この一九五三年度予算の政党間交渉の際に、河野局長にルール形成を持ちかけた政治家がいたことである。自由党の岸信介であった。岸は「こんなことは今度限りにして、次からは予算の編成段階から相談することにしようじゃないか」と言ったという。[4]

一九五五年の保守合同を強力に推進した岸は、商工官僚出身でもあり、政策形成の合理化とルール形成にはきわめて意欲的であった。岸は、鳩山が首相辞職を表明した後の総裁選挙で石橋湛山《たんざん》に僅差《きんさ》で敗れ、石橋内閣の副総理兼外相に就任する。石橋が体調不良で五七年二月に辞任すると、岸は総裁を引き継ぎ、六〇年の日米安全保障条約の改定成立後に辞職するまで政権を担った。

鳩山一郎内閣(54年12月―)→石橋湛山内閣(56年12月―)→岸信介内閣(57年2月―)→池田勇人内閣(60年7月―)

政権継承(I)

鳩山が表明した「政策実行」と「政治のルール形成」は、岸がより自覚的に推進したのである。岸内閣が行った

「政策先議」の予算編成では、政府が編成を行う前に与党政調会特別委員会が方向づけを行おうとした。また、「インナーキャビネット」と称した少数閣僚での政策形成も試みられた。岸内閣は自民党結党後初めて三年を超える政権となり、過半数与党による予算編成が安定的に可能になったため、漸進的に政策決定のための「ルール形成」を進められたのである。

自民党の結党は、財界の要望もあって革新勢力の結集に対抗して保守陣営が合同することをその目的としていた。だがこうして見ると、発足時には、合理的に政策を形成し、実行する仕組みを作り上げることもまた重要な課題であった。

長期政権への道

しかしながら岸内閣は、警察官職務執行法（警職法）改正反対運動と、日米安全保障（安保）条約改定反対運動という、二つの街頭での抗議行動で退陣を余儀なくされた。ここに自民党は大きな打撃を受けた。岸の後を受けた池田勇人内閣は国民所得倍増計画を策定し、高度経済成長を掲げた。結党後五年程度のこの段階で、自民党政権があと三十年以上も継続するとは想定されていなかった。

その典型は、一九六三年に石田博英《ひろひで》が発表した「保守政党のビジョン」である(5)。石田は自民党と社会党の得票数の伸びを比較して、都市住民の支持を獲得しない限り、六八年には両者の得票数は逆転する可能性があると警鐘を鳴らした。高度経済成長が進展し、都市への人口集中が加速していた当時、自民党政権の終末が到来するという予想は決して特異なものではなかった。

だが、一九六〇年代後半の佐藤榮作内閣時代に入ると、自民党政権が長期化するという見通しが急速に広がっていく。例証として、ここでは、「一九五五年体制」という概念を最初に提示した升味《ますみ》準之輔《じゅんのすけ》と、対外政策と政治観において自民党政権が吉田茂の遺産を継承したことを強調する高坂正堯《こうさかまさたか》のテクストをとりあげる。いずれも、池田内閣下で雑誌に発表され、佐藤内閣下で単行本として刊行されており、その間に新しく修正された箇所が、自民党政権を「長期」と見る展望が現れたことを示しているからである。

升味準之輔、「ダム」の比喩を削除

まず、升味準之輔の「一九五五年の政治体制」を見てみよう。これは、一九六四年六月号の『思想』に掲載された論文であり、のちに一九六一年から六三年までに書きためられた原稿とあわせて六九年の単行本『現代日本の政治体制』にまとめられた(6)。

一九六四年の論文と六九年の単行本との間では、「一九五五年の政治体制」すなわち自民党と社会党とが国会の議席を二分する体制についての叙述が大きく異なる。つまり、六四年の論文がこの体制を「ダム」の比喩でとらえたのに対して、六九年の単行本ではその表現がほとんど削除されているのである。

一九六四年の論文で描かれた「ダム」の比喩とは、第一に、五五年以前の歴史的事件がこの体制の成立に流れ込んでいくという因果関係を指している(7)。

講和条約も占領体制も太平洋戦争も、大正デモクラシーも明治維新も、さかのぼれば数かぎりない事件や人間の所産が現在を構成しているにちがいない。しかし、それらが現在になだれこむ大ダムができたのはやはり一九五五年である。

第二に、この「ダム」は「決壊」する可能性があるとされる(8)。

……こうして保守党支配のダムは出現した。これは異った意図の合作であり、耐震計算も水圧計算もなされていない。どこからいつ決壊するかもしれない。しかしまた、十年の風雪はかりそめのダムに耐久力を与えたかもしれない。

第三に、このダムは、警職法改正反対運動と日米安保条約改定反対運動により、二度「決壊」したが、「二、三ヶ月のうちに復旧した」とされる(9)。だが他方で、「将来はさらに新しいダムができるであろうけれども、現在は一九五五年のダムのなかにある」ともまとめられる。すなわち、「決壊」とは容易に復旧する程度の破損の意味でもあり、将来的に貯水池としての「政治体制」が新しく形成されるという意味でもあった。

このような「ダム」の比喩は、一九六九年の単行本では削除された。六四年の段階で示された「留意すべきは、低姿勢派や構造改革派が台頭したのは六〇年以後であることであろう。五五年の政治ダムのもっとも重要な機能が変るかどうかは、おそらくこの改革にかかっているのである」という展望も削除されたように、升味は社会党の構造改革が頓挫《とんざ》し、自民党の池田派ないしは「ニューライト」が政治的影響力を失ったととらえた。両党の変化の可能性が失われたと判断したのである。

かわって示されたのは、一九六〇年以後「自民党支配の二大政党制」が動揺していないことと、全体として自民・社会の議席占有率が低下しているという意味での「収縮」があることの指摘である。六九年の升味は、「一九五五年体制」がいつかは崩壊する可能性があると指摘したものの、その具体的な道筋を示せなくなっていた。升味は、当初は「ダム」の「決壊」をいくらかは期待していたものの、文字通り「体制」が長期化するという展望をもつようになっていたのである。

高坂正堯、宮澤喜一の記述を付加

そして、升味の論稿とほぼ同時期に発表・改作された高坂正堯の「宰相吉田茂論」は、軽武装・通商国家を外交政策・経済政策の柱とした吉田内閣の対米交渉が、池田内閣以後の自民党政権の基本的特徴となっていることを見出した。この高坂の主張は、のちに自民党長期政権を予測したものと受け取られていった。

だが、一九六三年の高坂の論説は、数多くの挿入文を受けたうえで六八年に単行本化されている。

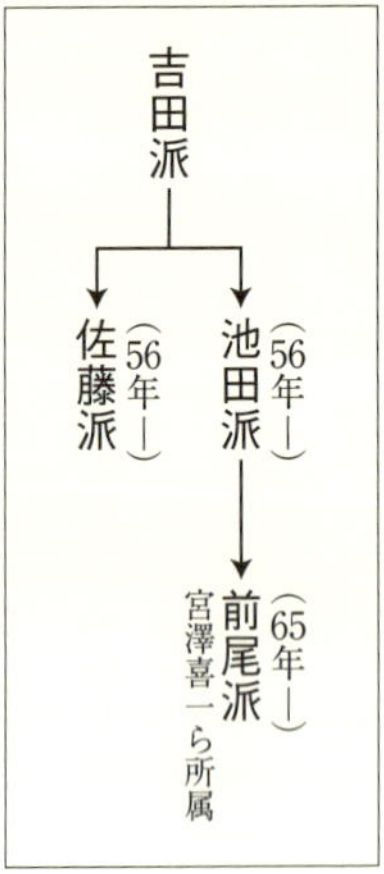

吉田派の系譜

これらの挿入の一部は、原文における吉田への高い評価に慎重な留保をつけるものであるが、別の一部は明らかに宮澤喜一の存在を引き立てるものである。そもそも高坂は、当初論説を執筆する際に、当時の池田内閣下で首相側近であった宮澤に聞き取りを行っていた。[10] だが、六三年の論説に、宮澤は一切登場しない。これに対して、佐藤内閣時代に執筆された箇所では、宮澤の著書『東京―ワシントンの密談』からの引用[11]や、池田・ロバートソン会談でのアメリカからの再軍備要求の圧力に対して「池田以下の使節団は必死の努力をしなければならなかった」ことが強調された。[12] さらには、四九年一月の総選挙で初当選した「吉田学校」の官僚集団のうち、明示されているのは当時の宮澤に近い「池田勇人、佐藤榮作、前尾繁三郎《しげさぶろう》」であったことが述べられる。[13] この時期の高坂は佐藤のブレーンとして官邸に出入りし、その延長で宮澤とも親しく交わっていた。[14] 宮澤との交流が、単行本を公刊する際に過去の論説の記述に対して、宮澤の存在を補助線として印象づけようとさせたものと解釈できるであろう。

　のちの一九八四年に、総裁選挙立候補に意欲を示した宮澤を支援するために、高坂は宮澤との対談を発表した。この書物を通じて高坂は、宮澤の政権構想の公表に尽力し、政治家宮澤への高い評価を明らかにした。[15] 他方宮澤は、対談の中で「吉田さんの政策決定がいつまで有効であるのかという問題提起があって、私は現在でもそうだ（有効だ：引用者注）と思いますし、これからもそうありたいと思う」と言い切った。

軽武装・通商国家を戦後日本の外交・経済政策の主軸とした吉田の政治構想の重要性を、最初に明快に指摘したのが一九六三年の高坂の論説であったが、八四年の宮澤は、この政治構想をさらに持続すべきことを説いた。高坂にとり、宮澤とは吉田の政治理念が持続していることを体現する存在であったと言えよう。自身を吉田の「又家来《またげらい》」であって、池田たちほど吉田を怖がらずに接することができたと回顧する宮澤は(16)、吉田の敷いた政治方針を継承し、それを直接表現し続ける希有《けう》の政治家であった。

長期化の予感

佐藤榮作内閣下の一九六八年に高坂があえて宮澤に直接触れることは、宮澤の属する前尾派とは敵対的関係にあった佐藤内閣においても、池田内閣と同様、吉田の政治構想が持続していることを再確認する意味があった（以下、派閥については本文中の各図のほか、巻頭の「自民党・派閥の系譜」を参照のこと）。ちょうど、升味が自民党の「長期政権」化を認めざるを得なくなった時期に、高坂は占領期の吉田の政治理念を継承する意義を説き、自民党が「長期政権」となるための外交・通商政策面での条件を明示したのである。

一九六三年から六四年の池田内閣下では必ずしも盤石と見られていなかった自民党政権は、六八年から六九年にかけて、徐々に「長期政権」となるであろうと受けとられるようになったのである。事実、佐藤内閣は七二年まで七年を超える長期の内閣となった。佐藤内閣の安定した政治基盤は、自民党政権が長期化するうえでの政治基盤であるととらえられるようになったのである。

政策実行のための官房人事

自民党政権が「長期政権」と認識されていく以上のような過程は、政権から見て外的な諸事情が重なり合う過程であった。それはすなわち、高度経済成長に伴う社会変動が政治的混乱に転化しなかったという社会経済的条件や、野党陣営における公明党の伸長に見られる多党化、自民党内に佐藤に匹敵する派閥領袖が登場しなかったことなどである。だが、政権自体が充実しなければ、「政策実行」すなわち政策の安定的な立案は果たせない。事実、佐藤自身、人事を通じて政策形成を着実に果たすよう努めていたのである。

佐藤は、「人事の佐藤」と言われていたが、それは各回の改造に伴う閣僚・党人事のバランスへの新聞紙面などでの評価だけを意味しない。内閣の誕生から終焉までを見渡して、改造を経るにつれ徐々に内閣・党における円滑な「政策実行」の態勢を構築した点にも求められるのである。

とりわけ佐藤にとり、人事構想の軸は官房長官人事の方針を確立させることであった。佐藤は、橋本登美三郎《とみさぶろう》、愛知揆一《きいち》、福永健司、木村俊夫と側近を順次官房長官に任命した。そして三期目の一九六八年十一月に、保利茂《ほりしげる》を任命し、木村を官房長官からあえて官房副長官とした。この段階で、その調整能力について佐藤の信頼の厚い官房長官と、政策知識と執務経験の双方を備えた副長官との体制を構築した。

この一九六八年の改造の意義は、前後を見渡しても大きい。六四年の内閣発足後、この時点までの佐藤による内閣改造の特徴は、池田以前の内閣の性格を少しずつ取り入れることだったからである。まず組閣後に佐藤は、総理大臣秘書官に鳩山首相の秘書官若宮小太郎を任命することを真剣に考慮したが、周囲の反対で断念した[17]。次に六五年六月の改造では、池田前内閣から留任させた閣僚を総入れ替えしたものの、岸が強く組閣に介入し、佐藤はいくらかはこれを受け入れて岸系の川島派・福田派から多くの閣僚を任命した[18]。

そして、一九六六年八月の改造では、佐藤は前尾派から宮澤を一本釣りして官房長官に据えようとした。だが、前尾派内の宮澤への嫉妬と、当時参議院議員を辞職し議員ではなかった宮澤の抜擢に対する佐藤派内での反対から、佐藤はこれを最終的に断念し、前述のように愛知を据えたのである。愛知は岸内閣で官房長官を務め、佐藤の政策集団「Sオペレーション」の中心人物であった。佐藤は宮澤を起用するタイミングをうかがい、続く六六年十二月の改造で、池田派から福永を官房長官に抜擢し、宮澤を経済企画庁長官に任命した。福永は吉田内閣の官房長官を経験していた。そして佐藤は翌六七年六月には腹心の木村を官房長官に据えた。

この一連の官房長官人事の特徴は二点ある。一つには、

池田勇人内閣（60年7月—）→ 佐藤榮作内閣（64年11月—）

政権継承（Ⅱ）

発足時には鳩山、改造時には吉田、岸、池田の各内閣で官邸を支えた人物を起用しようとしたことである。自民党の歴代政権の布陣をなぞり、その経験を自らのもとに結集することで政権の安定化を図るという周到な意図を読みとることができる。

二つには、宮澤を経企庁長官に抜擢した段階から、佐藤は宮澤を事実上の官房長官として扱い、「複数官房長官制」とも言うべき体制をとった。その延長に、一九六八年十一月から七一年七月までの、保利官房長官・木村官房副長官という「大官房長官」の人事が採用されたのである。

そして佐藤は、官房長官人事と並行して、内閣官房の秘書官・官僚集団の組織化に着手した。一九六六年十二月の総裁選挙で再選を決め、宮澤を経企庁長官に抜擢する改造を終えた後に、佐藤は衆議院を解散した。六六年を通じて不祥事が相次いだ後のいわゆる「黒い霧解散」でありながら、自民党は二百七十七議席を得て国会運営を安定化させた。これを受けて佐藤は、六七年三月一日付けで、首相秘書官に産経新聞記者でSオペレーションのメンバーであった楠田實《くすだみのる》を任命した。夏の「内遊」と称した佐藤の国内視察が予想外に新聞から非難され、(19)佐藤はマスコミ対策を含めた官邸の本格整備に乗り出したのである。楠田のもと、一方で新聞・テレビ報道に向けた佐藤首相の演出が試みられるようになる。

その際に、在野の知識人と首相・官房長官をはじめとする官邸スタッフとの懇談が随時行われた。さらに、政策文書の作成・修正にこの知識人たちも協力するようになっていった。先述の高坂は比較的早い段階で官邸に出入りする知識人の一人だったのである。

宮澤が官房長官候補に

このような知識人と懇談する場に出入りした政治家が、経企庁長官の宮澤であった。そもそも宮澤は、水野成夫産経新聞会長と懇意であったために、楠田が抜擢される際に、佐藤と楠田を仲介する役割を担っていた[20]。一九六八年十一月まで二年間長官に在任した宮澤は、その間、閣議で積極的に発言するだけではなく、首相の国会演説の修正などにも関与している[21]。その役割はあたかも、もう一人の官房長官のようでさえある。事実宮澤は、池田・佐藤内閣時代についてのオーラル・ヒストリー記録の中でこう語っている。

御厨　（鈴木善幸《ぜんこう》内閣で：引用者注）官房長官をおやりでございますね。

宮澤　官房長官、申しあげるのを忘れました。官房長官という問題があるのでございます。それは官房長官プロパーで何かの仕事をしたというよりは、官房長官になるとかならないとかいうことが何度かありまして、そういうこととの関連がございます[22]。

御厨　池田再選の際に、経済企画庁長官ということはだいたい決まっていたのでしょうか。

宮澤　それは噂では官房長官にしたらどうだという話もあったようです。そういうお考えもあったようです。ただ私は、若いばかりではなくて、参議院議員でございますから、官房長

官というのはちょっとやるのは無理でございます。したがって経済企画庁長官なら、ということではないでしょうか。(23)

宮澤は池田内閣時代の一九六二年七月から六四年七月までの二年間にも、経企庁長官を務めていた。池田内閣・佐藤内閣の二度の長官就任について、宮澤は、いずれも当初官房長官への就任も検討されていたが、結果として経企庁長官に就任したと言うのである。

複数官房長官制

経済政策に明るい宮澤の長官就任は当時から清新な印象を持たれていたが、宮澤が得意としたのは経済政策だけではない。経企庁長官就任前の一九六一年六月の池田訪米の際には、占領期と同様宮澤が一議員として同行しており、(24)池田の外交政策の助言者として活躍していた。六二年にキューバ危機が勃発し、ライシャワー駐日大使から日本による全面的支持を求められたとき、池田首相は、外務省首脳と黒金泰美《くろがねやすみ》官房長官に加えて、宮澤経企庁長官を官邸に呼び寄せた。秘書官の伊藤昌哉は、外務省の条約局長が「国際条約の慣例から言って、何もアメリカの行動に制約されなくてもいいのではないですか」と発言した後の状況を次のように記している。(25)

しばらく沈黙があって、宮澤長官が、「私もそう思う」と言った。あとは誰もなにも言わない。

ただ重い沈黙だけが支配する。

この後池田は慣例に従わず、アメリカを全面的に支持することを決定する。会議では、外相であった大平正芳が出席したとは伊藤は特に記しておらず、会議中の発言は唯一宮澤のみであったとされている。このように、経済とは別に日米関係などの外交・安全保障の案件でも、呼ばれて意見を開陳するのが宮澤であった。

また、一九六一年十一月の池田の東南アジア外遊時に、河野一郎農相が官房長官は国内に残るよう強く主張したため、当初首相に同行するはずであった官房長官の大平は国内にとどまった(26)。以後、官房長官は首相の外遊に同行しないという慣行が定着する。これに対して、経企庁長官は外遊への随行も含めて自由に首相を補佐できる閣僚であり、宮澤には適任であった。かくして、宮澤は官房長官の役割を部分的に兼ねつつ、外交案件でも政策事項でも、首相を補佐する役割を果たしていくこととなった。佐藤内閣でも、引き続き宮澤は、この役割を引き受けた。だからこそ楠田は、七〇年一月の改造を前に保利官房長官が後任を検討していたとき、「官房長官は宮澤氏以外に無いと思うが」と進言したのである(27)。

このような宮澤の経企庁長官としての起用は、保利・木村の官房長官・副長官の体制と同様に、「複数官房長官制」と言いうる人事配置である。こうして佐藤は、派閥を超えて官邸を支える政治家を少しずつ増やし、以前の政権との政策的な連続性にも留意しながら、リーダーシップの基盤を

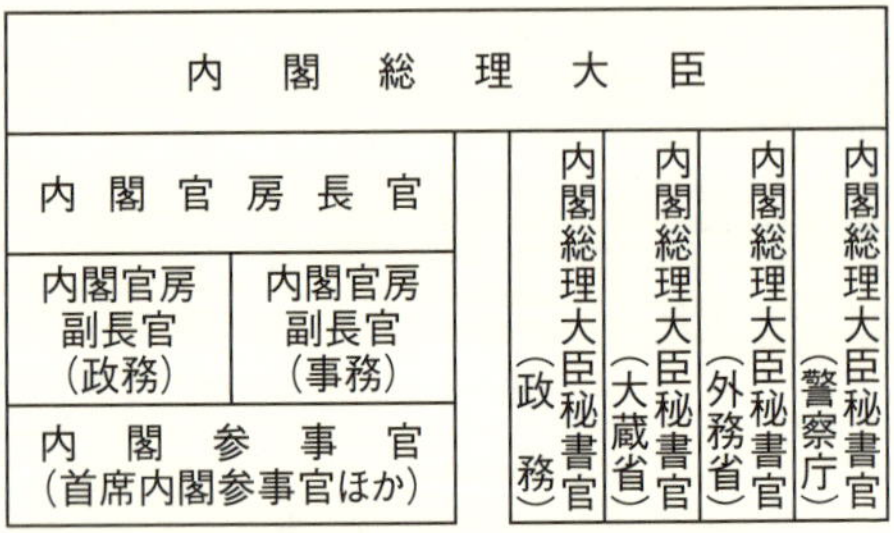

1968年当時の内閣官房模式図(部分)

確立したのである。

内閣官僚の組織化

先述した佐藤による周到な官僚の起用について、もう少し詳しく見ておきたい。一九六八年十一月の改造で、佐藤は官房長官に、吉田内閣で官房長官を経験した保利茂を起用した。さらに腹心の木村俊夫をあえて政務の官房副長官に据えることで、宮澤経企庁長官時代と同様、複数官房長官制を継続した。(28) これに加えて七〇年、事務の官房副長官に、六年間首席内閣参事官を務めていた小池欣一《きんいち》を抜擢した。小池を重用していた木村副長官の人事であったが、保利の支持により実現した。さらに、後任の首席内閣参事官には、各省から強い自薦があった中で、保利は小池の要望に沿って、厚生省官房人事課長であった翁久次郎《おきなきゅうじろう》を任命した。各省事務次官と比べて年次の低い小池にとり、直近の部下に厚生官僚を希望したのは無理からぬことであろう。(29) こうして、木村―小池―翁という強い指示系統が官邸に生まれた。

この体制で佐藤は、一九六九年八月まで延長され十八回の強行採決を繰り返し、通常国会としては五五・八%という異例の低い内閣提出法案の成立率となった「大学国会」の審議を乗り切って、十一月の訪米によって七二年の沖縄返還を決定づけた。さらに七〇年の総裁四選後、環境庁設置などの環境行政が内閣の施策となったときに、当時これを所管する厚生省出身の官僚集団を通じて、案件の処理を進めたのである。以後厚生省は首席内閣参事官に継続して官僚を出向させるようになる。(30)その結果、官邸経験のある官僚が次第に増大し、官房副長官候補者が複数存在するようになる。佐藤はこの官僚の布陣を後継内閣にも引き継がせることで自民党政権の安定化を図ったのである。(31)

このように、佐藤内閣の特徴としては、しばしば言われた周到な内閣閣僚と党役員人事に加えて、第一に官房長官人事における歴代内閣からの継続性の維持、第二に漸進的な人事の蓄積による「複数官房長官制」の構築、第三に内閣官房の官僚集団の組織化が挙げられる。これらは自民党が安定的に政権を継承していくための基本的な条件とでも言うべきものであった。それによって佐藤はときどきの課題に応答しつつ、長期政権を担い得たのである。

二　派閥政治と党改革の相克

田中内閣の混迷

ところが、佐藤後に福田赳夫《たけお》との激しい総裁選挙で勝利した田中角栄は、閣僚人事、官邸人事を刷新して新規の政策課題の処理に突進した。ここに以前からの決定的な断絶が生じたのである。当

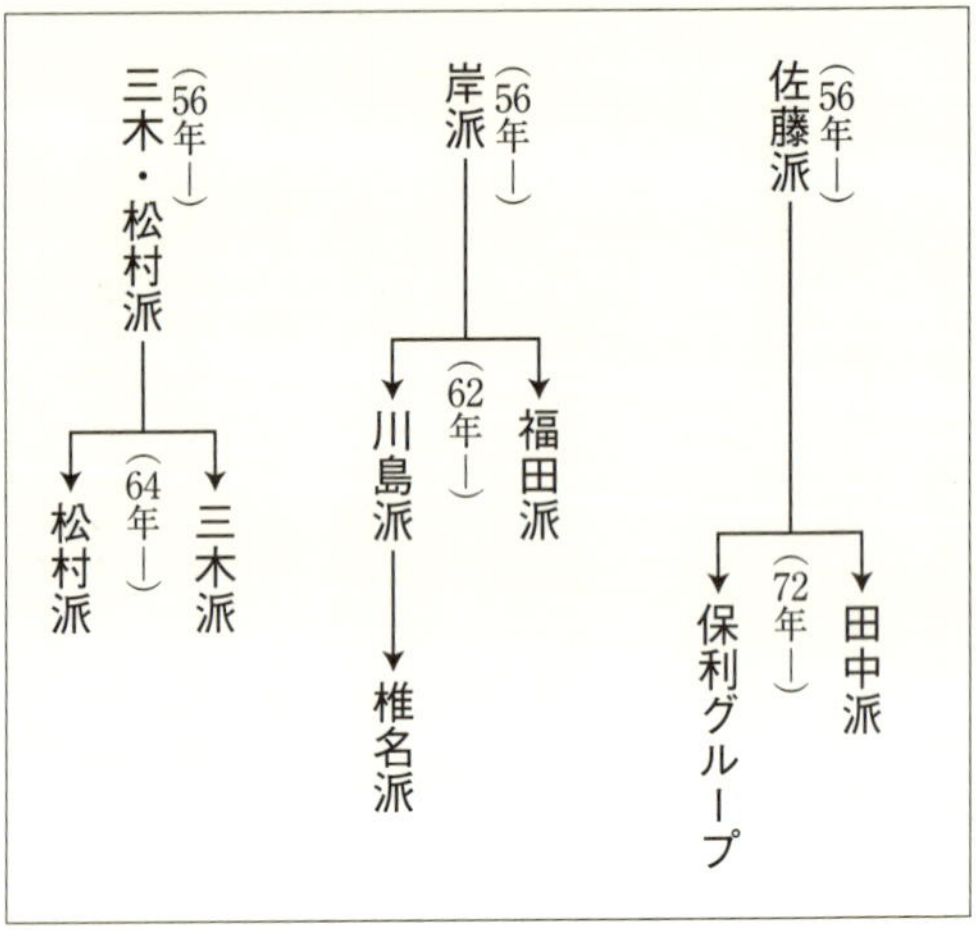

各派の系譜

時から即断即決の田中のリーダーシップを評価する論調は多かったが、前政権からの断絶によって政権運営の経験が継承されない布陣では、むしろ田中の即断は空回りしたと言うべきであろう。そこに降りかかったのが石油危機と田中の金脈問題であり、内閣は機能不全に陥ったのである。

　こうした状況下で、田中が一度は排除しようとした長老クラスの政治家が、政権へ介入し始めた。もちろん、この時期にはたとえば河野洋平グループの離党と新自由クラブの結成、青嵐会の結成など若手議員集団の活発化という側面も見逃せない。しかし、田中内閣以後、派閥政治が激化する中で、党を方向づけ、時に重要な政治的案件を「裁定」する長老政治家の役割はきわめて重要となった。

　まず、田中は佐藤から政権を継承した際に、閣僚人事を刷新し、対立する福田派の協力を得られないままに閣僚を選任するとともに、官房長官には官邸経験のない二階堂進《にかいどうすすむ》を任命し、特にこれを補佐する政治家を配置しなかった。つまり、佐藤が作り上げた「複数官房長官制」をとらなかったのである。これに代えて田中が採用したのは、三木武夫の副総理への任命であった。だが、総裁選で田中に協力した三木派の領袖にポストを与えたという、あくまでも派閥間の論功行賞であった。

次に田中は、首相の補佐機関の人事も刷新した。当時の首席内閣参事官であった翁久次郎はこう語る――「九時過ぎに留任も噂された小池副長官が退いて後藤田正晴氏が事務の官房副長官と決まった。それまでの官邸の主だった人達が全部変わって首席参事官である私が事務の責任者で、後は全部裏方のみという実感が痛いほど身にしみたのもこの時である」[32]。警察庁長官であった後藤田の役割は危機管理であった。就任後一年数カ月で総選挙出馬のため離職した後藤田にとり、官房副長官は一時のポストであったとみるべきであろう。後任の川島廣守《ひろもり》も警察庁出身であるが長官経験者ではなく、田中が調整力を期待したとは言い得ない。これに対して、佐藤内閣時代に内閣法制局次長であった吉國一郎は、田中内閣発足とともに内閣法制局長官に就任し、二階堂官房長官からは、内閣官房長官に比肩するという意味をこめて「内閣官房事務長官」と呼ばれ、「内閣総務課長に命令したり、副長官に指示したり」したことも多かったと回顧している[33]。閣議事務の監督や法律案の全体的な調整は、官邸事務に不慣れな後藤田よりは吉國が担当したのである。とはいえ、これは異例な態勢であり、官邸での執務経験が足りない官僚集団によって首相のリーダーシップが支えられることとなった。

未経験な政治家と官僚によって官邸が運営された結末として、一つには、田中のイニシアティブで突如課題として浮上し、性急に推進された小選挙区制への選挙制度改革は、党内の反対で頓挫した。二つには、「列島改造」関連の政策は、国土利用計画法の制定と国土庁の設置に代表される諸案件に矮小化された。三つには、石油危機後の急変する政治・経済情勢に内閣が十分対応できなくなったのである。

長老政治家の登場

石油危機が物価騰貴にはねかえりインフレが昂進する状況下で、愛知蔵相が急死した後、田中は総裁選で激しく争った福田を後任の蔵相に据えて融和を図った。政策的にも『日本列島改造論』で唱えた積極財政による公共事業への予算配分を中止し、緊縮財政へと転じた。だが、一九七四年七月の参議院選挙では、田中を中心とした金権選挙に対する不信感から自民党が敗北し、参議院で保革伯仲が生じた。以後の自民党では若手から党の体質への疑問が噴出し、閣僚中では福田、三木らによる田中批判が強まり、長老政治家からも不満が表明された。各世代の政治家から田中への批判の声が上がったのである。それは十月に発表された立花隆の「田中角栄研究」によって田中の金脈問題が浮上することで決定的となった。

これらの世代の中で、この時期に党内で決定的な役割を果たしたのは長老政治家であった。彼らは総裁選挙を可能なかぎり行わせないように行動した。話し合いでの後任総裁決定の際に、中心的役割を果たすことができるからである。

田中は、佐藤内閣末期の総裁選前に開催されてから、一度も開かれていなかった「顧問会」を参議院選挙前の四月に開催したが、(34) 以後は活用していなかった。田中派と反田中勢力との対立が激しさを増すにつれ、「顧問会」に代わって「長老会議」が開催された。「顧問」は党則上の職で、慣行上二十五年以上勤続の国会議員が就任しており、(35) この時期には六十名程度であった。(36) 他方「長老会議」とは重要役職経験者や派閥領袖クラスで衆目一致する重鎮の政治家が、自ら長老と認めて集まる非公式の会である。(37)

七月十五日に開催された長老会議には岸、佐藤のほか星島二《に》郎《ろう》、松田竹千代、山口喜久一郎、石井光次郎、船田《ふなだ》中《なか》の七名が出席した。「田中、福田の詳細な話合ひで、党の近代化、国民との一体化等敗戦の深い反省を要すとして、岸、石井の両君が田中総理に会見を申しこんだが、官邸におらないで、私邸に尋ねて行くわけにも行かず、今日の処は遂々逃げられた感」という顛末《てんまつ》をたどった。(38) 翌日、保利、福田が閣僚を辞任した。(39) すでに十二日に三木が副総理を辞任していた。以後、福田らは「長老」政治家たちの支持を得つつ田中の辞任を求めるようになり、田中と長老政治家たちの溝は深まっていく。(40) 後に岸はスリランカを訪問した際に、「田中角栄そっくりの大臣である」首相の人物像を次のように評した。(41)

学歴もなく出身も名家の出ではなく、党内長老の信望もなく大統領も信任

政権継承(Ⅲ)

佐藤榮作内閣（64年11月—）→田中角栄内閣（72年7月—）→三木武夫内閣（74年12月—）→福田赳夫内閣（76年12月—）

していないようだが、党内の実力者であり選挙で与党たる国民党の圧倒的勝利を作り上げた中心実力者であり、総理となりたる由なり……（中略）……打てば立ち響くような頭の働きの鋭いものを持っている。

岸の田中評そのものと言うべきであろう。ここに記されたように「党内長老の信望」のない田中は、十一月に内閣を改造して政権延命を図ったが、党内外の批判に屈し、数週間後に退陣を表明せざるをえなくなったのである。

椎名裁定

田中退陣表明を受けて、椎名悦三郎副総裁が後継総裁の選定作業を進めた。このときには若手からは河野洋平擁立運動が起こる一方で、顧問会議が再び活用された。椎名は、三木武夫、中曾根康弘、大平正芳、福田赳夫の候補者と別個に会合を持ちつつ、当選回数別に議員グループから意見を聴取するとともに、顧問会議を開催したのである。会議は十一月二十八日に開催され、椎名は意見を聴取するという姿勢をとった。さらに三十日に三木ら四名と個別に会合を持ち、翌十二月一日に椎名は三木を後任総裁とするという裁定を出した。いわゆる「椎名裁定」である。その後に再度顧問会議が開催されて、椎名裁定を了承するという手続きがとられた。

福田に指名が来る可能性が次第に遠のくにつれて、佐藤元首相は顧問会議を欠席することで、独自の意思を表示しないという姿勢をとった。その上で、元来自身の後継総裁に目していた福田に対しては、「三木の次は福田と路線をきめさす様に」と注意したのである。[42]

三木首相の政権戦略

一九七四年十二月九日に組閣した三木は、福田を副総理兼経企庁長官とした。経済対策閣僚会議を設置して、福田にその運営を任せることで、[43]田中とは異なり副総理ポストを実質化させた。また、官房副長官の川島と法制局長官の吉國をそのまま起用することで官邸の体制を大きく変えないという方針を堅持した。

加えて、三木は自らを指名した椎名を副総裁にそのまま起用した。椎名は、七四年七月の参院選敗北後、田中首相が「党基本問題・運営等に関する調査会」を設置したときにその会長となり、党・内閣人事を派閥単位で行わない、政治資金の収集と配分は「党一本」で行う、総裁公選を所属国会議員及び各都道府県支部連合会より選出された代議員の記名投票によって行うという内容の答申を作成していた。[44]

だが、これに飽き足らない三木は、組閣直後に、全党員による総裁予備選挙の実施、政治資金の原則公開、選挙の公営と連座制の強化を内容とする私案を「要綱」として椎名調査会長に示し、さらなる検討を指示した。これは三木が一九七四年の参議院選挙時から検討していた私的ブレーンの提言を受けたものであった。[45]三木は党改革に執念を燃やしていた。

これらのうち、まず三木は、当初の構想にあった「企業献金の三年後の廃止」を断念したものの、個人・団体献金額の制限や政党・政治資金団体・後援会等に一定額以上の収支の明細報告を義務づける政治資金改革を実現させた。だが、他派閥から反対が強まったことや、のちに椎名会長自身が三木の政治手法に強く反発し、三木主導の改革に対して消極的になったことで、調査会は答申を作成しないまま三木の退陣を迎えた。

混乱の原因

このように、三木内閣の混乱は、一つには参院選の敗北によって参議院が保革伯仲となり、国会審議が停滞するという状況によるものであったが、三木の掲げる重要政策が自民党という与党の意向と真っ向から衝突しかねなかったことも原因であった。

先述の党改革を第一とすれば、第二に、独占禁止法改正問題がある。政権発足翌日の閣議で三木は独禁法改正案の国会提出を指示した。三木は一九五〇年代から経済学者との意見交換を続けており、六〇年代以降は自ら設置した中央政策研究所を足場に政策ブレーンを抱えていた(46)。彼らの助言を得つつ、三木は独禁法に規定されている公正取引委員会(公取委)の権限を強化する改正案をとりまとめ、国会に提出したのである。商工省出身であり、商工省の後継省である通産省の権益を脅かす公取委の権限強化に反発する椎名副総裁は反対の巻き返しを図った。これが勢いを増すと、三木は衆議院では全野党と交渉して合意案を可決に持ち込み、参議院に送付した。参議院では廃案となったが、あわせて重要法案であった酒・たばこ値上げ法案も廃案となった。自民党政権の歴代内閣下では、通常国会での内閣提出法案の成立率はおおむね八〇％を超えるが、この第七十五通常国会では六三・二％である。ここに政権の国会対策の拙劣さを看取することができる。

第三に、スト権ストへの対応である。政権発足当初、三木はスト権付与に傾いていた。だが、田中派・大平派がスト権付与反対を強く主張し、一九七五年十一月に公共企業体等労働組合協議会（公労協）がスト権獲得を目的に十日間連続ストに突入してからは、三木は当初の方向を転換し、スト権の付与を拒否する姿勢を明確にした。党の意向に服さざるをえなかったのである。

ロッキード事件から三木退陣へ

そして一九七六年二月、アメリカ上院外交委員会でロッキード社から日本の政界に航空機売り込みのための贈賄《ぞうわい》があったことが証言されると、三木は事件究明に全力を振り向けると発言した。

これに対し、まずは椎名副総裁を中心に福田・大平・田中をまきこんだ三木退陣をねらう「三木おろし」が進行した。これがリークされると、「ロッキード隠し」への世論の反発が強まり、椎名中心の運動は挫折を余儀なくされた。だが、六月には事態に批判的な若手議員の中から河野洋平らが離党し新自由クラブを結成した。七月には田中前首相が逮捕され、三木によるロッキード事件の真相究明の姿勢に危機感を抱いた中堅以上の議員は、「挙党体制確立協議会（挙党協）」を組織して三木おろしを本格化させ、党内対立は沸騰点を迎えた。

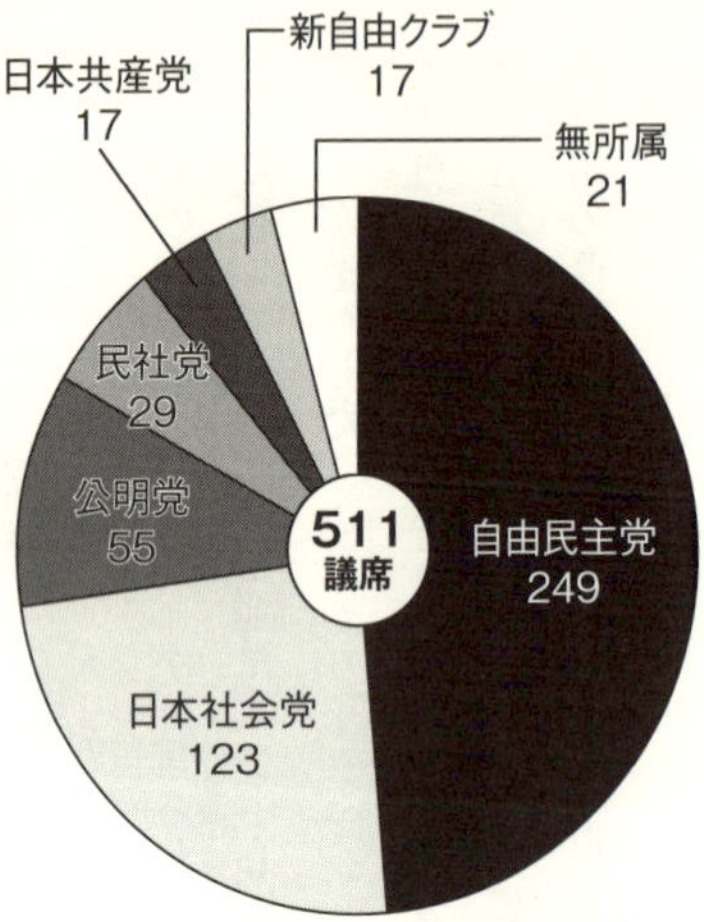

第34回衆議院議員総選挙の結果
（1976年12月5日投開票）

八月十六日には顧問会議が開催され、三木首相への批判と金権政治への批判とが激しい応酬を繰り広げた。並行して、反三木の側に立つ福田・大平が断続的に三木に辞任を迫ったが三木から逆に説得されたため、挙党協は臨時国会前の党の刷新を決議した。だが、党分裂を恐れる保利や船田ら長老政治家が辞任を含めた厳しい要求を三木に突きつけることを躊躇している間に、九月に三木は解散をしないことで挙党協の意向を受け入れたうえで、臨時国会を開会した。

九月十五日に三木は反三木の閣僚を更迭《こうてつ》し、三木系統の閣僚と官僚スタッフとして新しく起用した梅本純正官房副長官による官邸の体制で、国会と任期満了の総選挙を乗り切ろうとしたのである。

だが、十一月四日の国会閉幕後、福田は副総理を辞任し、反三木派は福田を事実上の総裁として分裂選挙に突入した。ロッキード事件をめぐっての自民党不信はきわめて強く、自民党公認候補では二百四十九議席という大敗を喫した（右図）。これを機に三木は辞任の意志を固めたのである。

三木は退陣に際して「私の所信」と題する党改革構想を公表した。そこで謳われたのは、第一に「『保守本流』といった意識が『長老政治』と結びついて、党の動脈硬化をきたし」た現状の打破、第二に「金権体質と派閥抗争」の一掃、第三に総裁公選の改革すなわち「各地区の全党員による総裁候補の推薦選挙と、その結果に基づく上位候補者の両院の議員による決定選挙の二段階方式」の導入であった。(47) 田中が福田への交代を迫る「長老政治家」との直接の会見を回避したとすれば、三木は組閣当初の党改革構想に最後まで執念を燃やし、自分を総裁の座から引き下ろそうとする「長老政治」と正面から対決しようとしたのである。

遺産としての党改革

総選挙前に挙党協から総裁候補に指名されていた福田は、三木辞任後に総裁に就任した。福田は、そもそも党改革について三木と共通する志向を有していた。池田内閣下の一九六二年一月に福田は、派閥解体、総裁選挙の自主投票、政党本位の選挙制度の実現などを掲げて、派閥を横断して中堅クラスの議員を糾合した「党風刷新懇話会」を発足させ、総裁再選を狙う池田を牽制した。総裁選後、党風刷新懇話会が「党風刷新連盟」へと改称し強化されると、池田は党近代化のための組織調査会の設置を余儀なくされた。

この調査会長に就任したのが三木であり、派閥の無条件解消、政党本位の選挙制度改革、総裁・議長経験者などからなる党顧問の推薦による総裁の選任を提唱する最終答申をとりまとめた。主張の多くが重なる党風刷新連盟もこれに同調する姿勢を見せた。このような経験とロッキード事件への厳しい批判をふまえた福田は、三木の提示する党改革を継承したのである。

三木は当初、実力者総退陣を構想していたと言われていたが、結果的には福田の総裁就任を黙認し、「私の所信」においても椎名・船田・保利らを念頭に「保守本流」意識と結びついた「長老政治」に対する批判を主張するにとどめた[48]。福田内閣以降、三木は党長老として次第に発言を強めたため、しばしば三木は「所信」に反した行動をとったと見られた。だが、自民党の「長老政治」には二つの潮流があり、三木が批判したのはその一方であった。

第一の系譜は、内閣制度との関連での制度化である。結党後の自民党では、当初は鳩山一郎・石橋湛山の後任総裁を決定する際に顧問会議・長老会議が開かれたが、岸内閣はこれらを内閣の政策決定のために活用した。まず、一九五九年一月に活動を休止していた政府・党連絡会議の代替として、福田幹事長の発案により、長老会議が開会された[49]。だが、長老を限定するのが困難であることから、党則上の機関として人数を絞りこめる顧問会議を開催し、日米安保条約改定などの外交課題の解決に理解と協力を求めた[50]。内閣と党の長老政治家との協力による外交・内政の政策を円滑に立案するというスタイルは、福田自身が首相として再度試みていった。

第二の系譜は、首相経験者ないしは議長経験者による少数からなる会議で総裁・党幹部人事を協議するという、党の一機関としての制度化である。もっぱら党人政治家の主張であり、岸内閣発足直後に三木は幹事長としてこれを提案し、日米安保条約改定問題が次第に激化する中で、河野一郎も同様の提案を石橋に試みている[51]。池田内閣時代の組織調査会の答申において、顧問が総裁候補を提案するという項目があるのもこの系譜上に属すると言いうる。

福田首相の政権戦略

福田首相は、年来の持論として長老会議・顧問会議を内閣の運営の一環に位置づけ、随時これを開催した。つまり第一の系譜の会議を活用したのである。他方、首相経験者としての三木は、第二の系譜の上に立って、党の重要問題を議論する場として退陣後にこれを積極的に利用していった。三木が批判したのは第一の系譜であった。そして、のちに大平内閣下で党改革の成果として発足した「最高顧問制」は、「長老政治」の二つの系譜を制度上一体化したものであった。

福田内閣の特徴は、第一に佐藤首相にならった周到な閣僚人事と官邸人事、第二に政権前半での大平幹事長との連携による着実な法案処理、第三に三木が首相時代に提唱した党改革課題の継承の三点である。閣僚経験と党三役（幹事長・政調会長・総務会長）経験の豊富な福田は、副総理も副総裁も置かない簡素な体制で内閣を発足させた。だが一九七七年十一月の改造で、福田は経企庁長官に宮澤を任命し、経済外交の担当大臣（対外経済担当相）として駐米大使経験者の牛場信彦を抜擢した。また、官邸人事では、長富祐一郎ら内閣審議室に出向していた各省の官僚を牛場の「補佐官」に充てている。「福田総理は、よく閣議のあとなどで、宮澤経企庁長官と牛場大臣を呼ばれて指示を伝えられた」という長富の回顧にあるように(52)、福田は当初は簡素な体制で出発しながら、それを徐々に佐藤のような「複数官房長官制」へと作り替えていったということができる。

第二に福田内閣は、衆参両院で与野党伯仲でありながら国会運営に意を払い、通常国会での内閣提出法案の成立率は、八五・五％（第八十国会）、九〇・二％（第八十四国会）ときわめて高かった。また予算審議では、議席伯仲を背景に野党から出された強硬な予算修正要求を次のようにして巧みに捌《さば》いた。一九七七年度予算では、内閣及び自民党は、政府統一見解「国会の予算修正について」を出して、国会の予算修正が政府の予算提案権を侵害しない範囲で認められるという内容を野党に受け入れさせ、野党の一兆円減税要求に対しては、税額控除方式による三千億円の追加減税を行うことで妥協を見た。だが予算成立が新年度にずれこみ、暫定予算を組まざるを得なかった反省から、七八年度予算では、所得税減税五千五百億円を中核とする野党の修正要求に対して、三千億円の所得税特別減税を認めた。さらに状況に応じて国債発行を視野に入れるとし、予算修正をせず、暫定予算も編成せずに年度内成立を実現させたのである(53)。

そして第三に、福田は組閣直後に「党名変更も辞さない」と述べて党改革実施本部を設置し、自ら本部長に就任して、三木の「私の所信」をもとにした党改革に本格的に着手した。実施本部は三月に、総裁予備選の導入、党員を多数獲得して党財政を強化すること、派閥を解消し情報連絡の場として当選年次別・地域別議員連絡会を設けることなどを答申した。そしてこれらはすぐに実行に移されていった。七月の参議院選挙で自民党は、大方の予想に反して保革逆転を許さず、六十三議席を確保した。選挙後の記者会見で、福田は党改革の実績を取り上げて「国民は自民党に対し昨年と違ったまなざしで見てくれている」と述べ(54)、党改革が選挙での自民党への支持をもたらしたという自負をのぞかせた。

長老制度を実質化した福田

以上の過程と並行して福田が意を砕いたのが、長老との懇談であった。福田は党改革実施本部の答申提出後、四月に顧問会議を開催し、岸ら四十五名の顧問に対して党改革案の審議経過を説明した[55]。だが、福田はこれ以後顧問会議を開催せず、一九七七年十一月に内閣を改造した後は、これに替えて少数の長老からなる長老会議を断続的に開催した。まず七八年三月二十八日に日中平和友好条約交渉について協力を求めた[56]。また七月二十八日には、ボン・サミットで対外公約とした七％経済成長の実現のため、サミットの事後報告を兼ねた長老会議を開催した[57]。さらに日中交渉について八月十一日にも長老会議で説明と協力を求めた[58]。

十一月に実施された総裁予備選挙で、福田は、田中派の強力な支持を得た大平に敗北し、内閣を総辞職する。この前後で選挙の公正な実施を求めて集まったのは、鳩山内閣・岸内閣・佐藤内閣・田中内閣総辞職時のように顧問ではなく、長老であった[59]。ここに長老制度を実効的にした福田の実績を見て取ることができるであろう。

総裁予備選挙翌日の二十八日に、党基本問題・運営調査会は、総裁選挙を再検討すべきという結論を出した。党員資格の調査・確認の実施、人事を派閥次元ではなく全党的に行うこと、総裁・副総裁・両院議長経験者による「常任顧問会議」を党則に規定すること、の三点が確認され[60]大平新総裁に提言されたのである。

派閥解消を唱えた「国家ノ長老」たち

従来の新聞報道は、大平内閣下で生まれ、鈴木善幸内閣で実質的に運用され始めた最高顧問制を派閥抗争の一表現とみてきた。もちろん、長老政治家はそれぞれ母体である派閥の意向を体現しているが、他方でそれとは距離を置いている点も看過できない。たとえば、岸の首相退陣後の岸派の運営について、一九六一年に椎名は次のようなメモを記している。(61)

岸ハ飽ク迄《まで》国家ノ長老トシテ派閥ノ親分トイフ枠内ニ止マルコトハ許サレヌトスレバ、一切ノ指揮ヲ川島ニ委《まか》ストイフコトニスレバヨイ。之ハ相続デナクシテ、代行者ニ過ギヌ。

つまり、「国家の長老」は派閥の領袖の「枠内」にはとどまれず、代行者を置いて実質的な閥務を委任すべきだというのである。このような首相経験者としての「長老」は、しばしば「元老」とも通称されていた。(62) だからこそ、福田は、サミットに出席した元大統領・元首相からなるいわゆる「OBサミット」を「国際元老会議」と呼び、これに積極的に参加したのである。(63) こうした「国家」の「元老」を志向する政治家は、派閥活動に淡泊であり、福田に典型的なように派閥解消を唱えて閥務を休止することも辞さない。三木の場合は、制度としての議会制への信頼から党派閥を超えた長老を目指したと言えるであろう。そして、田中内閣末期に椎名は自民党をこう見ていた。(64)

自民党ガ30年近ク続イタノハ、派閥連合体ダカラダトイハレテイル。其ノ通リダ、併シ夫レダカラ派閥ハ潰シテハナラヌトイフノハオカシイ。自民党ノ本体ガ腐リ切ッテ了《しま》ッテ派閥デハゴマカシ切レナクナッタノガ現状デアッテ派閥ノ交替ナドデハ自民党ノ長期政権ハ到底持テナクナッテイルノダ。此ノマ、デ進メバ派閥ヲ抱エタマ、自民党ガ崩壊スル以外ニ逃レル途ハ無クナッタノデアル。此処ニ自民党自体ノ根本的改革ガ必要ニナッタト云ハザルヲ得ナイノダ。

いずれにしてもここには、派閥の結束を最優先する田中派・竹下派との決定的な差異がある。両者の軋轢《あつれき》は、田中派から見れば派閥対立であるが、「国家」の「元老」から見れば国家と私的派閥との対立であり、三木から見れば、三木が好んで用いた「議会制民主主義」と私的派閥との対決であった。党内対立が幾重もの政治的意義を帯びうる状況こそが、一九七〇年代の保革伯仲時代の自民党を支えたのである。

そして、こうした「長老」集団による内閣への統制が消滅した一九九〇年代以降は、改革の主体は若手政治家となり、その目的は党改革ではなく、「政治改革」としての選挙制度改革となる。その結果、自民党は政権担当能力ある唯一の政党としての役割を終えることを余儀なくされていったのである。

三　党改革から行政改革へ

大平内閣の政策研究会

大平は、党改革自体を非主流派の動きと見て敵視していた。そして、大平は幹事長に自派内の鈴木善幸の起用を打ち出したことで、福田派・三木派と激しく対立した。一九七八年十二月七日に大平は福田と断続的に会談を行い、大平派の斉藤邦吉《くにきち》を幹事長に起用する代わりに、大平にとっては不本意であったが福田の要請通り党改革推進本部を設置することで合意を得た(65)。翌七九年一月十九日に大平自身を本部長とする党改革推進本部が発足した。同本部では、第一委員会が総裁と幹事長を同一派閥から起用することの是非など党運営のあり方を検討し、第二委員会は総裁選挙のあり方を検討する態勢をとった。こうして大平内閣でも、大平の意向とは別の形ではあれ、党改革は継続したのである。

他方、大平は、内閣の組織にあたっては前政権からの円滑な移行を重視した。閣僚人事でも、福田との連携のために、園田直《すなお》外相を留任させて六月の東京サミットに備えた。外相人事と併せて、官邸の官僚人事でも以前の内閣との継続性を重視して、官房副長官に佐藤内閣と田中内閣双方で首席内閣参事官であった翁久次郎を起用した。また、長富祐一郎ら福田内閣時代の内閣審議官を、首相の「内閣補佐官」に留任させたのである。

その上で、大平は、一九七九年一月より田園都市構想研究グループの発足を皮切りに、七〇年代の内閣では初めての本格的な首相の私的諮問機関「政策研究会」を発足させた。メンバーとしては三木内閣と接触を次第に深めた民間の有識者団体「政策構想フォーラム」に属する経済学者・政治学者をはじめ、若手の大学研究者や各省庁の課長・課長補佐クラスも会議に参加させる形で討議を進めた。

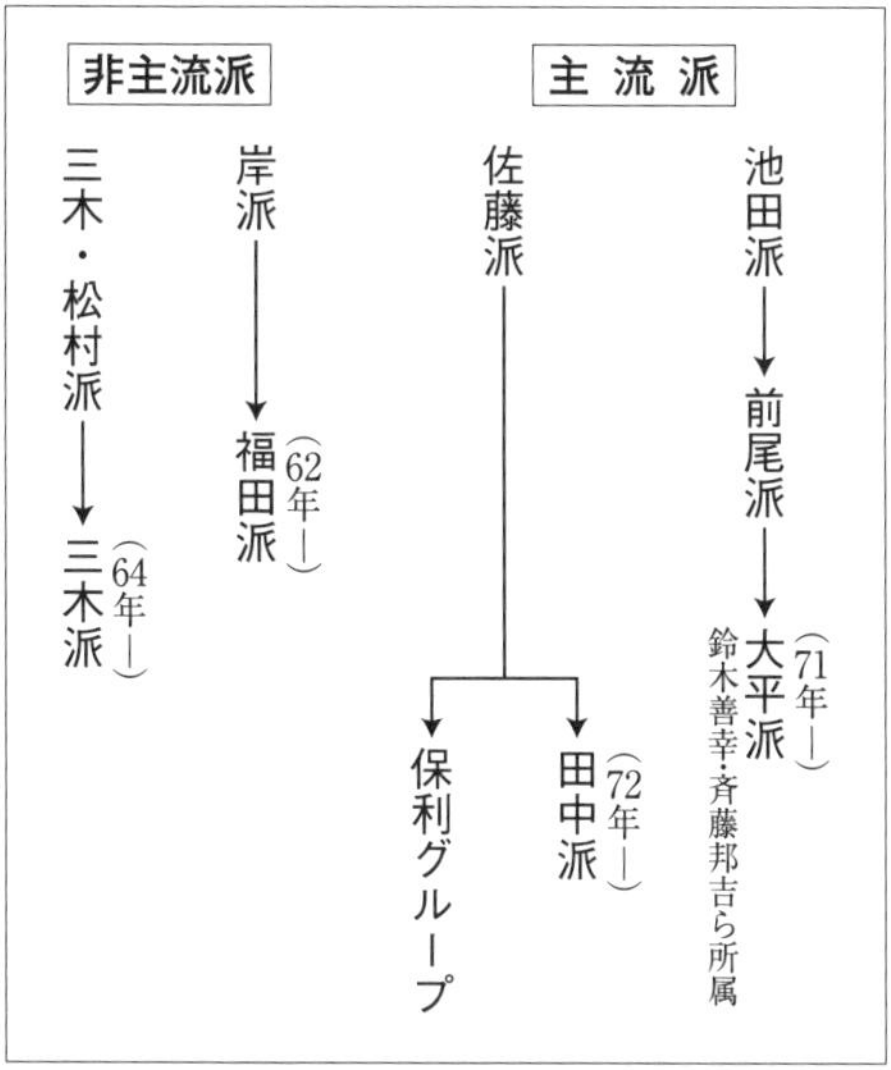

自民党内の主流派と非主流派の系譜

この研究会の特徴としては、一つには、日本社会の特性をふまえつつ、世論調査や統計データの解析による合理的な経済政策の立案を促したこと、二つには、「新中間階層」論を前提とした政策決定を主張したことが挙げられる。新中間階層とは、政治には強い関心を持ちながらも能動的に参加するわけではなく、ある程度はテクノクラートに委任する傾向をもつ階層が大量に出現したとする、村上泰亮《やすすけ》らの主張による社会階層である。三つには、その結果として、時代に適合した行政改革を行うべきと認識されたことが挙げられるだろう。

「近代を超える」

政策研究会のさらなる目的は、以上のような新しい政治課題を打ち出すことで、「党近代化」による世論の支持を目指す三木・福田の発想を乗り越えることであった。福田の「党改革」に消極的であった大平は、内閣補佐官の長富に対し、福田らを批判して、「党の近代化をしっかりやらにゃいかんというとる。わかっちゃいないな」「近代を超えなければならないときだというのに」と漏らしたという。(66) 同様の観察を、西武セゾングループの経営者堤清二でもあった作家の辻井喬《つじいたかし》は、大平の評伝の一節でこう記している。(67)

ようやく腹を据えた正芳は、一月二十四日、日比谷公会堂で行われた党大会では、信頼と合意の姿勢を強調した後で、「〝近代を超える文化の時代〟において、わが国が名誉ある生存を確保して行くみちは、決して前近代への回帰でもなければ、日本の独自性の強調でもない。それは近代化の成果の上、日本文化の持つ特質を融合、開花させるものでなければならない」と正面から主張したのである。彼は「前近代への回帰」という表現で福田派の傾向を批判したのであったが、その意図を直ちに理解して反発心を強めたのは、福田赳夫とごく少数の人間であった。

「党近代化」を含むあらゆる「近代化」を、独自の「文化の時代」に置き換えることが大平の構想であった。それは、池田内閣が、「党改革」を掲げた福田ら党風刷新連盟に対抗するために、第一次臨時行政調査会（第一臨調）を設置したのを半ば意識したものであった。

このように、大平は、非主流派とつばぜり合いを続けつつ、新しい政策形成の手法を開発しようとしていた。こうした挑戦的な政治姿勢は、一九七九年九月の解散まで大平に一貫していた。七九年度予算の国会審議では、金丸信《かねまるしん》国対委員長が公明・民社と修正の合意を得たにもかかわらず、両党の形式修正の合意条件を受け入れるのを大平は拒否し、野党の議席数が上回る衆議院予算委員会では否決されたが、本会議で逆転可決という過程を経て成立させた。ダグラス・グラマン事件の真相究明で揺れたこの八十七通常国会の内閣提出法案の成立率は六一・八％であり、福田内閣と比較して大平内閣は国会運営で困難を極めた。

党改革をめぐる激しい攻防

また、党改革推進本部は一九七九年四月に中間報告を出して、現実的な派閥解消の推進、総裁予備選の存続、国会議員の法定選挙費用の党負担、正副総裁・衆参両院議長経験者等で組織する最高顧問会議の設置、派閥次元の党・閣僚人事の禁止などを謳ったが(68)、以後は解散の動向をめぐって派閥間対立が激化した。

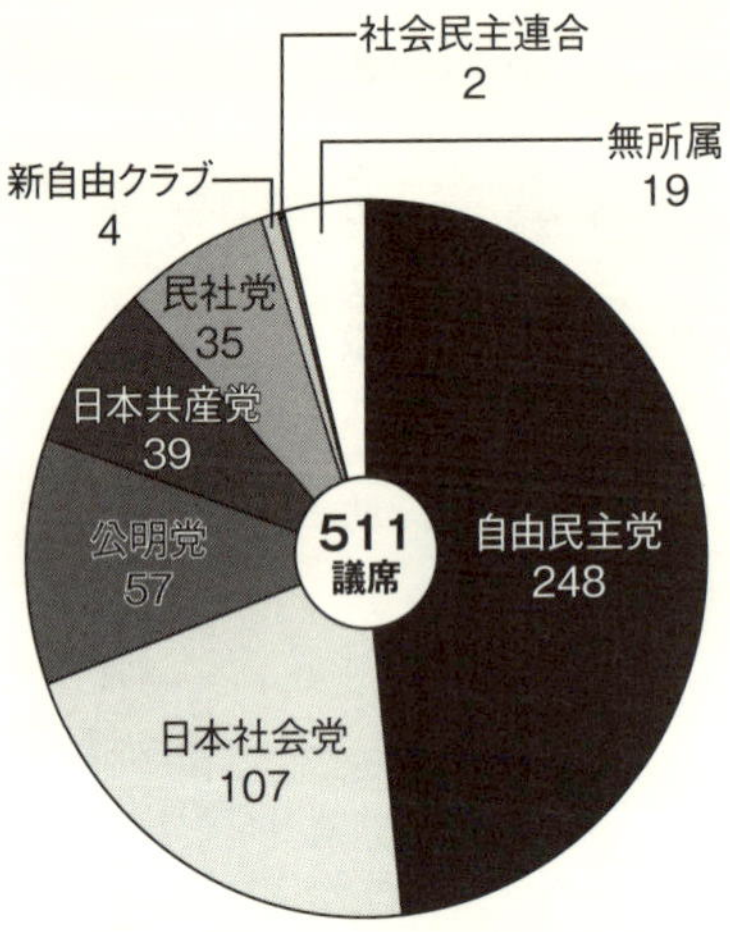

第35回衆議院議員総選挙の結果
（1979年10月7日投開票）

五月二十三日には、福田、三木、灘尾弘吉《ひろきち》、前尾繁三郎の四名は「長老」の会議を開いて、党改革の推進や、東京サミットでの日本の主張内容などについて意見を交換し、大平首相による解散を牽制した(69)。七月には大平首相が党改革推進本部の二委員会合同会議に自ら出席して、総裁・幹事長を同一派閥から出すことを禁ずる「総・幹分離論」を正面から拒否した。これは非主流派による大平ら主流派への牽制であった。大平は自ら、非主流派委員と激論を戦わせたのである(70)。

他方で、四月の統一地方選挙では、東京都知事に鈴木俊一《しゅんいち》を、大阪府知事に岸昌《さかえ》を公明・民社と協力して当選させるなど、中道政党との連携も探っていた大平は、党内の反対を抑えて九月に解散を断行し、安定多数を目指した。だが、私案として提示した一般消費税導入への反発や鉄建公団のカラ出張などの不祥事報道によって、解散前よりも一議席減の二百四十八議席しか得られない惨敗を喫した（右図）。

国会審議で苦しむ大平

総選挙の惨敗後、大平首相に対して引責辞任を迫る福田らと、辞任を拒否する大平らとの間では激しい対立が続き、総裁選出をめぐって自民党は四十日にわたる派閥抗争を続けた（四十日抗争）。国会の首相指名で福田との決選投票を経たうえで再度内閣を組織した大平は挑戦的な政治姿勢を抑え、非主流派の要請に応えざるを得なかった。懸案であった幹事長人事は中曾根派の櫻内義雄を充てることで解決したが、文相ポストについては、首相指名で大平に投票した新自由クラブに割り振ろうとしたものの、非主流派の反対で首相兼任となった。外相に民間人として戦前からの盟友であった大来佐《おおきたさ》武《ぶ》郎《ろう》を抜擢したのが、数少ない大平の意向に沿った人事であった。

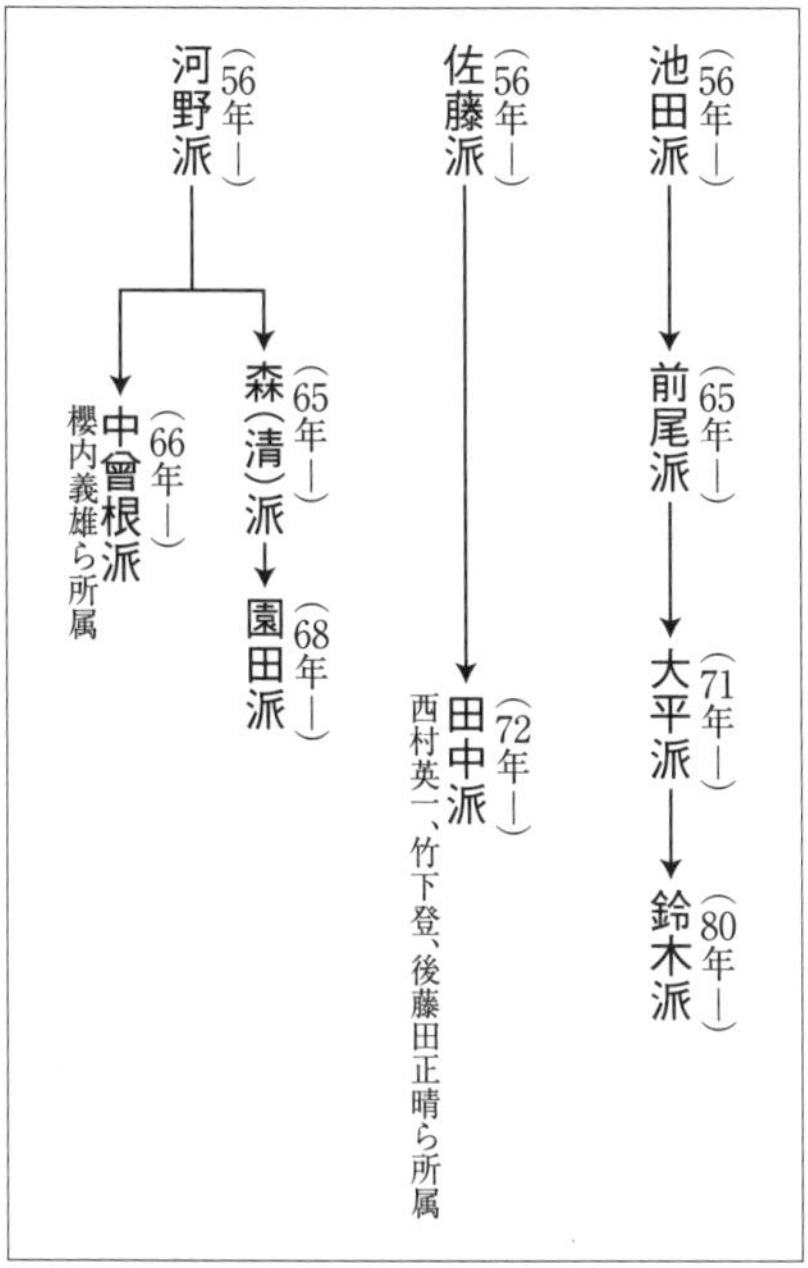

自民党の主流派と中曾根派

そして、一九七九年十二月に党改革推進本部が答申を提出した。内容の柱は倫理憲章の作成、最高顧問制度の党則での規定、国会議員の法定選挙費用の党負担、選挙

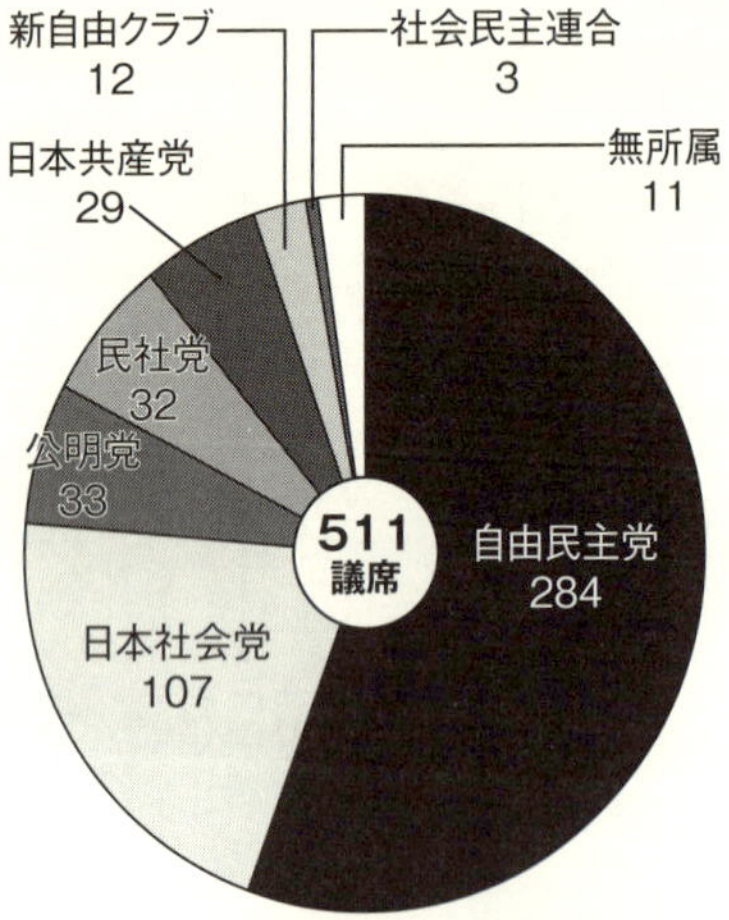

第36回衆議院議員総選挙の結果
（1980年6月22日投開票）

公営の範囲を拡大する方向での政治資金規正法の見直し、選挙人名簿の条件付き公開による総裁公選制度の改正、派閥解消への積極的努力、党人事の公平化であった(71)。これにもとづき、八〇年一月二十三日の党大会では、自民党倫理憲章の制定、党則改正による最高顧問の設置、総裁公選規定の改正が実現した。大平はもはや党改革に協力せざるを得なかった。党則改正で「総裁、副総裁並びに衆参両院議長経験者にして党所属国会議員の現職にある者を最高顧問とし、随時総裁の諮問に応ずるものとする」と規定された最高顧問には(72)、一月末に福田と三木が就任した。だが、大平の党改革努力はこれ以上のものにはならなかった。最高顧問は増員されず、彼らとの懇談の場も設けられなかったのである。

党内に亀裂を抱えた大平内閣は、再び国会審議で苦しんだ。自衛隊スパイ事件、浜田幸一のラスベガス賭博事件などで審議が停滞する中で、一九八〇年度予算に対して、野党は強硬な修正要求を突きつけた。内閣はこれに可能な限り応じた修正案を提出して国会通過にこぎ着けた。また会期末には、外遊中の大平は国会審議を指揮できず、自社公民の国対委員長会談で四党が合意するもの以外は廃案と決定された。

この九十一通常国会での内閣提出法案成立率は七一・七%であり、大平内閣における法案処理の停滞が表れている。そして五月半ば、社会党提出の内閣不信任決議案が福田派など非主流派の賛成によって可決された。大平は解散を断行したが、選挙戦に突入後狭心症で倒れてまもなく死去したのである。衆参同日選挙となったこの選挙で、自民党は衆議院で二百八十四議席、参議院で六十九議席を得て安定多数を確保した（右ページ図）。

話し合いによる総裁決定

選挙後、後継総裁の選出にあたって、櫻内幹事長と西村英一副総裁を中心に、挙党態勢の構築のため、話し合いによる候補者の一本化が図られた。それに先立ち、前尾、灘尾が最高顧問に就任することで初めての最高顧問会議が六月二十六日に開催され、党改革論者の三木が、党則に沿った総裁公選の実施を主張したが、会議としては候補者一本化による本格政権の発足、派閥解消で合意を見た。

大平正芳内閣（78年12月—）→鈴木善幸内閣（80年7月—）

政権継承(Ⅳ)

並行して党基本問題・運営調査会は七月四日に「政局安定に関する答申」を発して、話し合いによる総裁選出、本格政権としての発足を提言した。各派が旧大平派代表の鈴木善幸で反対しないという雰囲気が作られる中、七日に再度開催された最高顧問会議は、政治浄化と派閥解消による挙党態勢を総裁就任の条件とすることを提案した。十七日に鈴木は国会での指名を受けて総理大臣に就任したのである。

「挙党態勢」を目指した鈴木内閣は、田中派と福田派のバランスをとる閣僚人事を行った。官房長官には宮澤を起用して、池田・佐藤内閣の伝統を再度継承した。さらに、官房副長官には翁を留任させて、官邸の官僚スタッフについても前内閣からの円滑な継承を図った。

だが、鈴木は経企庁長官に河本《こうもと》敏夫を、行政管理庁長官に中曾根を充てて、これら官房長官に代わりうる総理府外局の長官を小派閥の領袖のためのポストにとどめ、「複数官房長官制」をとらなかった。また福田・大平内閣のような民間人の起用にも否定的であった。簡素なスタッフの構成で内閣の運営に当たったのは、派閥抗争を終息させるという雰囲気の中で均衡人事を行ったからであった。

参院選制度改革と第二臨調の設置

衆参で安定多数を確保したために、鈴木内閣下では予算と法案の成立が容易になった。そのうえで鈴木が進めたのは次の二つの課題である。

第一には、参議院選挙制度の改革である。鈴木は福田内閣下で党全国組織委員長として総裁予備選挙の実施を手がけ、同時に大平の予備選勝利に貢献した竹下登を党選挙制度調査会長に任命した。さらに選挙制度を所管する前自治相の後藤田を同席させたうえで全国区制改革を検討するよう指示した。[73]

一九八一年十一月の改造で竹下が幹事長代理に就任すると、鈴木は後任の選挙制度調査会長に後藤田を充てて竹下と連携して検討を続けさせ、[74]八二年八月に公職選挙法改正案の国会通過を果たした。こうして党総裁選挙制度改革としての党近代化は、選挙制度改革へと変容し始めた。そこに参議院自民党を掌握していた田中派の竹下・後藤田を充てたことに、大平・鈴木内閣への田中派の影響力を読み取ることができる。

第二には、第二次臨時行政調査会（第二臨調）の設置による行政改革の推進である。行政管理庁長官という軽量閣僚として失意の中にいた中曾根は、事務次官らから行政改革の推進を内閣の課題にするというアイディアを受け、これを積極的に利用した。[75]一月に発足した第二臨調では、大平内閣の政策研究会に参画した有識者らを動員し、財政再建、国鉄・電電公社の民営化、行政制度の簡素化など、行政についての抜本的見直しを進めたのである。

岸最高顧問と中曾根

一九八一年十一月に鈴木は内閣改造を行った。主要閣僚は留任したが、ロッキード事件で灰色高官と報道された二階堂を幹事長に起用し、田中派への傾斜を強めた。衆議院議員を引退していた岸信介は「鈴木内閣改造行はる。鈴木首相中々ずるしゃも振りを発揮し福田君体《てい》よく無視さる」と感想を記している。[76]田中派への接近に反発した福田派は自派からの副総裁の設置でバランスをとるよう要求したが、鈴木・田中両派が難色を示した結果、鈴木は岸に最高顧問を委嘱することで福田派の意を汲《く》んで妥協を試みた。副総裁ではなく、最高顧問の人事に福田派の意向を反映しようとしたのである。党則が改正されて、岸のように議席のない者もこれに就任できることとなった。すでに安井謙《けん》元参議院議長を最高顧問にしていたが、同様にメンバーであった前尾が八一年七月に死去しており、ここに新しく岸が任命された。

一九八二年二月十九日、岸は日記に次のように記した。[77]

8・30総理官邸に於て最高顧問の朝食会。余の最高顧問就任の披露のようなもの。主人側鈴木総理、宮澤官房長官の外《ほか》党三役並《ならび》に竹下幹事長代理。最高は余の外三木、福田及《および》安井(灘尾君は風邪のため欠席)。鈴木総理の挨拶の後、竹下君より参議院全国区選挙法の改正問題、宮澤君より貿易摩擦に関し市場開放等の問題の説明あり。三木君より派閥解消、余より行政改革断行の問題に付《つき》意見をのべる。

鈴木首相の挨拶の後、居並ぶ最高顧問に対して、実質的な説明として、竹下から選挙関係の内政問題を、宮澤から外交問題を説明している。

岸の「意見」にも伏線がある。すなわち、前年の八月に岸を訪問した中曾根とのやりとりであった。中曾根は刊行されたばかりの談話記録『岸信介の回想』[78]についてこう岸に書き送っていた。[79]

憲法改正につき「中曾根にやってもらう」の一節に電撃にふれた感がありました。これ正に先生の御初心であり、小生の初心であります。この様に憲法改正を先生から托《たく》されましたのは、徳富蘇峰先生と岸先生のお二方であります。方法戦略は別として私は今回の臨時行政調査会の如く国民的舞台を設定し、国民的人士に登場していただき、軌道設定を心掛けたく念じます。

ここには、その後の中曾根の軌跡が予示されている。すなわち、持論の憲法改正は封印し、これを行政改革に置き換えて「国民的舞台」の上で推進するという政治的決意である。一九六〇年代までの自民党政権の政策面での継承を象徴する宮澤と、一九九〇年代に最強派閥の事実上のオーナーとして影響力を行使し続けた竹下が同席し、岸が行政改革について意見を述べて中曾根を支援したこの瞬間は、戦後の自民党長期政権における内閣の継承を幾重にも象徴していたと言うべきであろう。

最高顧問会議からのプレッシャー

内閣発足後、鈴木は一九八〇年十月三日に最高顧問会議を開催して臨時国会での基本方針を説明し、八一年二月十九日には訪米前にも会議を開催しているが、頻度としては少ない。だが、岸の最高顧問就任後は月一度の開催を約束しており、最高顧問の側からも開催への期待が強まっていた。(80)

鈴木善幸内閣（80年7月—）→中曾根康弘内閣（82年11月—）→竹下登内閣（87年11月—）

政権継承（V）

首相のヴェルサイユ・サミット出席前の八二年五月二十一日にも会議が開催され、外遊から帰国後の六月には首相が最高顧問を個別に訪問し会談を行った(81)。また九月には宮澤官房長官と二階堂幹事長がそれぞれ分担して最高顧問を個別に訪問している。新聞報道では、内閣は会議を開催することで、他派閥に近い最高顧問から直接批判されるのを恐れていると見られた(82)。

だが、総裁選挙が近づくにつれ、全最高顧問が会議を開催するよう主張した(83)。岸は、来訪した宮澤官房長官との会見の模様をこう記している(84)。

宮澤官房長官来訪。教科書問題の経緯の報告並《ならび》に財政状況に付《つき》国民の理解を得る為《た》め近日記者会見をなすとの報告あり。余は財政の逼迫は官民共に一大奮起を要する状況なるが故に、記者会見に於《おい》て国民の理解を求むるが如き姑息《こそく》の手段にては駄目、議会制民主主義の本意に基《もとづ》き国会に於て真剣に討議して国民の理解と協力を求むべきことを強調し、且《か》つ最高顧問会議の開催を要望す。

鈴木が辞任を表明したのは一九八二年十月十二日であるが、このような最高顧問会議ひいては他派閥からの圧力と田中派との調停に心理的に抗しきれなくなったのもその一因であったろう。最高顧問会議は、鈴木の後任総裁の選出に際して話し合いでの一本化をもくろむが、公選で勝って総裁に就任することを目指した中曾根の強硬な反対で、予備選を実施することとなった。結果として予備選に勝利し本選で唯一の候補となった中曾根が後継総裁に就任した。

中曾根首相の行政改革

中曾根は行政改革を「国民的舞台」として設定すると岸に書き送ったように、政治を「国民的舞台」の上の出来事と見ていた。ここに、党改革ではなく行政改革こそが自民党長期政権を継承する原動力となる時代が始まったのである。

戦中期に内務省に入省した中曾根は、敗戦後に政界へ転身したが、非自由党系の保守政党に属し、吉田茂に対して強い違和感を抱き、改憲・再軍備を唱えた。保守合同後は河野一郎の派閥に属し、河野の死後派閥の一部を継承したが、弱小派閥の領袖として閣僚・党役員を歴任しつつ、首相の座をうかがっていた。

中曾根が首相に就任し得た主な理由は三つ挙げられる。一つには鈴木内閣で行政管理庁長官に就任し、ここで第二臨調における民営化の行政改革を主導することによって、後継内閣の主要施策を方向づけたことである。二つには、田中派との連携を得て、総裁選挙で他候補に対して優位に立ったことである。そして三つには、当時実質的に最有力の党長老であり、中曾根と同様の改憲志向を持つ岸信介が中曾根を支持し、折に触れて対抗勢力を押さえ込んだことである。

発足当初、官房長官に後藤田を抜擢するなど、田中派から多数の閣僚を任命した中曾根内閣は、田中派の意向次第で辞任を余儀なくされるかもしれない短命政権と見られた。だが、施策の着実な処理を目指した中曾根内閣は、内政では、すでに提出されていた第二臨調の答申にもとづいた国鉄・電電公社の民営化による財政再建を図り、行政改革を以後も継続的に進行させる基礎を築いた。また、外交では鈴木内閣時代に冷え込んだ日米関係を修復し、サミットでの議論にも積極的に参加することで、日本の存在感を高めた。

民営化を進めた施策と軌を一にして、「民間活力（民活）」による地域開発を進めた中曾根内閣のもとでは、民間の投資を呼び込んだ都市部の再開発が進んだ。たとえば東京湾横断道路は、「民活」のもとで、日本道路公団ではなく民間業者の請負で行う事業として、特別法を制定して開発が進められた。当時の建設省の担当課長は、のちに小泉純一郎内閣下の道路公団改革において日本道路公団総裁として反対の先頭に立つことになる藤井治芳《はるほ》であったが、藤井は道路局の先輩に当たる公団総裁から強い非難を浴びながらも、首相案件として省内で法制定を強行したという(85)。だが、政権後半には、こうした開発に伴う土地投機の進行や売上税導入の失敗など、以後の内閣に課題を残すことになった。

大統領的首相

中曾根にとり首相とは、公選ないしはそれに近い選出方法で任ぜられるべきものであった。早くから首相公選制を唱えた中曾根は、「国会を支配する政党が執行権にまで干渉しすぎる弊害があ」ると述べたように、国会・政党の現状に対して厳しい眼差しを注いでいた[86]。したがって中曾根は、「如何にスカラピーノ教授がいう政党人の『封鎖的互助政治企業体』たる現在の政党を国民的なものにするかという点に改革基点はあるのである。封鎖的互助政治企業体と思うから、請負的買収や、利益誘導、圧力団体の存在が出現するのである。之《これ》を政策を中心とした真の国民的な政党に発展させるためには、いわば同族会社的存在を、株式を公開して大衆株主中心の上場会社に転換させなければならない」と述べ[87]、首相公選制を自民党の近代化手段として位置づけていた。

その具体的な根拠として、戦後に導入された首長公選制を取り上げて、「昔東京市会が市長を選んだために東京市会というものはガスをのんだり、じやりを食つたりしたところであるけれども、ところが今は市長と市会との関係、知事と都会との関係は非常に変つて、合理主義になつておりますす。私は一歩前進したことを認めるんです。これは公選の成果と私は思います。……（中略）……今の府県や何かで、県会議員で選ばしておつたら、必ずボス的な年とつた七十才以上の連中が大てい出てきます……（中略）……全国の市町村でも、二十代、三十代の若い市町村長が出てくるというのは、公選の力で、私は非常にいいところだと思います。そういう若返りをやるモメントを政治に作つておかないと絶対いけないと思います」と指摘した[88]。

つまり、党改革ひいては伝統的な地域社会の近代化の促進要因として首長公選制を位置づけ、これと同様の論拠で首相公選制を唱えたのである。中曾根の改憲構想や教育改革構想には復古的な面も見られたが、高度経済成長後の段階では、新しく大量に登場したホワイトカラー階層の支持に基づいて、「合理主義」的な政策形成を行うべきとする傾向が強くなったと言えるであろう。

こうした政治指導を中曾根は「大統領的首相」と呼んだ。改革において審議会・私的諮問機関を活用して、国会審議や与党調整以前に、世論を誘導しつつ政策の方向づけを図った。また、自身テレビに頻繁に映ることで、国民へのアピールに努めたのである。

後藤田官房長官の補佐

中曾根は閣内でもよき補佐役に恵まれた。それが二度官房長官についた後藤田正晴であった。後藤田は、警察庁長官を経て、田中内閣で官房副長官を務めた後、田中の支援で衆議院議員に当選していた。田中派との協力を重視しつつも、中曾根は後藤田個人の行政能力を高く評価していたのである。

一九八六年、臨調答申を受けた内閣機能の強化のため、内閣官房が増員された。従来の内閣審議室が内政審議室と外政審議室に分かれ、後者の室長に外務省出身者が起用され、国際化に対応した官邸が整備されたのである。ところが、この改革に対して中曾根は消極的であった。なぜなら、警察庁出身の後藤田は、伝統的な行政組織の原理から首相の指揮命令権を限定しようとしたからである。後藤田は、各省からの出向者からなる内閣官房を自らの補佐機構として、各省の企画機能を尊重したうえで、官房による政策調整を担おうとした。
したがって、イラン・イラク戦争時のペルシャ湾掃海艇派遣問題で、派遣を主張する中曾根に後藤田が頑強に反対してこれを断念させたように、官房長官は首相の「トップダウン」を排することを辞さなかった。確かに、中曾根が大統領的首相として振る舞うためには、後藤田官房長官とそれを支える内閣官房の補佐が不可欠であった。だがそれは、政策調整を官房長官に委任し、ときにそれに従うことをも意味していたのである。

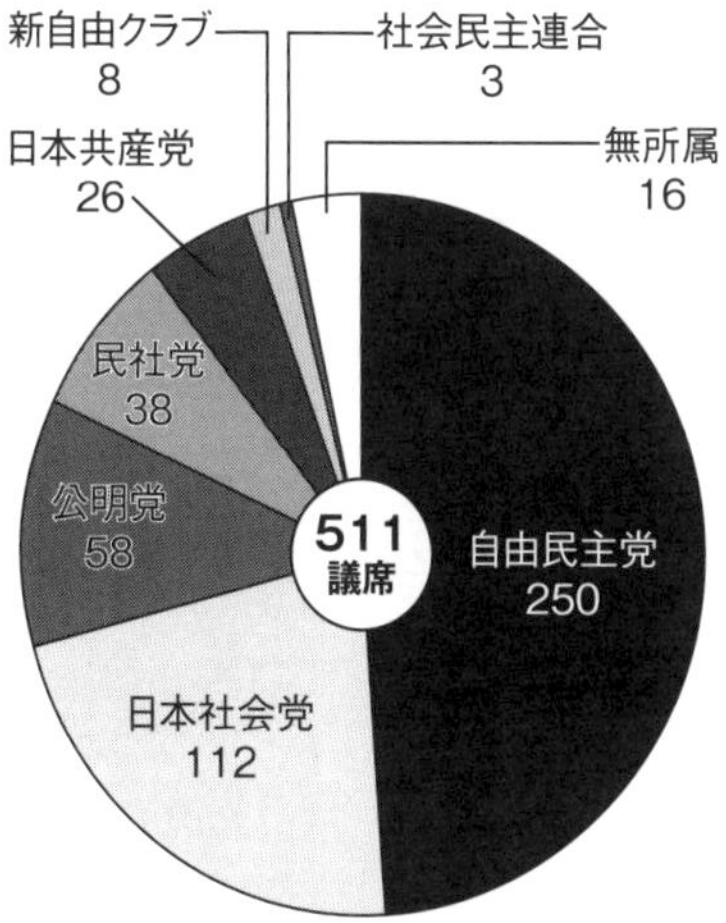

第37回衆議院議員総選挙の結果
（1983年12月18日投開票）

長老政治の終焉

党内長老に対しては、中曾根は、サミットなど外遊前に定期的に最高顧問会議を開催するスタイルをとった。他方で中曾根内閣の最大の党対策は、ロッキード事件の被告人である田中の扱いであった。一九八三年十月の東京地裁での田中に対する実刑判決後、最高顧問会議は、中曾根に対し政治浄化を繰り返し求めた。すなわち、同年十二月の衆議院選挙での敗北（上図）後の中曾根の責任問題、八四年四月の改造における二階堂副総裁の指名、十月の総裁選挙における鈴木の仕掛けた二階堂擁立工作の際に、最高顧問会議は首相に党改革を促すよう強いメッセージを送った。たとえば、八四年十月の最高顧問会議は、二階堂擁立工作が進む中、次のような首相宛のメッセージを発し、これが新聞にも発表されるなどして反響を呼んだのである。(89)

一、我が党は此の際党状を深く反省し党風を刷新して真の挙党体制を確立し国民の負託に応えるべきである

一、このために党執行部は右の趣旨を踏まえ告示日まで万難を廃して調整すべきである

これらの会議を通じて、政治の浄化を唱えて中曾根の退陣を迫る三木・福田・鈴木に対して、田中との時折の懇談も怠らない岸は、現実を見据えて中曾根の続投を認めつつ、「田中の影響排除」を図っていった。(90)

岸は一九八七年八月に、三木は八八年十一月に死去する。岸の日記は八六年十月でとぎれているが、その最晩年の記述や新聞報道による限り、八五年以降、最高顧問が政治問題を討議することはなくなり、最高顧問懇談会という名称で親睦会を開くにとどまっていた。すなわちその政治的役割を終えつつあったのである。中曾根は、八七年十一月に竹下を後任総裁に指名して官邸を去った。岸亡き後、政治的長老たらんとする身振りを示していたと言えるであろう。だが、竹下内閣下でリ

クルート事件が起こると、疑惑の渦中の中曾根をはじめ最高顧問とその候補者たちは、長老として内閣に対して公的な影響力を発揮する資格を失った。彼らの影響力は派閥を通じて行使されるにすぎなくなった。最高顧問制はその役割を終えた。それはすなわち、「長老政治」の時代の終焉であった。ここに若手政治家が主導する「政治改革」が幕を開けるのである。

第二章 政治改革と「改革の時代」

自民党が過半数を大きく割り込んだ第40回総選挙の翌日、会談を終えて会見する武村正義新党さきがけ代表。右は細川護熙日本新党代表（1993年7月19日撮影　写真：毎日新聞社／アフロ）

一　「改革の時代」とは何か

統治機構改革のはじまり

二〇〇一年に意見書を提出した司法制度改革審議会は、「司法の国民参加」を掲げて裁判員制度を導入するなど、戦後の司法制度を大きく改革した政府諮問機関であった。それは、司法制度改革を「最後のかなめ」と表現として、一九九〇年代の諸改革を次のように振り返っている(1)。

我が国は、直面する困難な状況の中にあって、政治改革、行政改革、地方分権推進、規制緩和等の経済構造改革等の諸々の改革に取り組んできた。これら諸々の改革の根底に共通して流れているのは、国民の一人ひとりが、統治客体意識から脱却し、自律的でかつ社会的責任を負った統治主体として、互いに協力しながら自由で公正な社会の構築に参画し、この国に豊かな創造性とエネルギーを取り戻そうとする志であろう。今般の司法制度改革は、これら諸々の改革を憲法のよって立つ基本理念の一つである「法の支配」の下に有機的に結び合わせようとするものであり、まさに「この国のかたち」の再構築に関わる一連の諸改革の「最後のかなめ」として位置付けられるべきものである。

このように、改革の推進者たちにとって「政治改革」に端を発する一九九〇年代の諸改革は、規制緩和、地方分権改革、省庁再編など、一連の統治機構改革としてとらえられた。確かに、戦後とりわけ占領終結後は大きく変更されることのなかった統治機構の各部門が、この時期に次々と改革の対象となり、以前には想像もつかなかったほどの大規模かつ詳細な制度改革案が公表された。しかも、内閣の交代はめまぐるしかったにもかかわらず、改革は持続し、多くの改革案が実行に移されたのである。冷戦終結後、先進諸国では大きな制度変更が続いたが、日本も同様であった。いわば、次々と改革課題が押し寄せ、その結果として、一連の改革過程で唱えられた言葉を用いれば、「この国のかたち」が大きく変わっていったのである。

政権継承の鍵の変遷

前章で見渡したように、自民党長期政権の下での政権継承では、政策の形成と執行を枠づける人事の継続性が政権安定の必要条件であった。田中角栄内閣で一度継承が断ち切られた後、一九七〇年代の派閥抗争の時代には、自民党は田中を典型とする党の金脈問題への批判に対処する必要に迫られた。この時代の政権継承の鍵は、一方では党改革であり、他方では行政改革であった。派閥抗争が渦巻く自民党内では、改革競争もまた熾烈《しれつ》であり、党改革と行政改革は相互に牽制し合う関係であったが、八〇年代以降になると、行政改革を標語に政権の浮揚が図られた。

だが、中曾根康弘内閣で行政改革を推進する審議会の有識者であったリクルートコスモス社の江《え》副浩正《ぞえひろまさ》が進めた未公開株の譲渡は、竹下登内閣下で大規模な贈収賄事件として捜査の対象となり、自民党の有力政治家の多くが疑惑の対象となった。その結果、政治資金改革と、さらに汚職の温床と見なされた中選挙区制改革とが課題となった。中選挙区制では同一選挙区で複数の候補者が当選するため、自民党から立候補した複数の候補者が自派閥と各支援団体から資金を集めて選挙運動を行う金権選挙となりがちだが、各政党組織が一人の候補者を全面的に支援し、その候補者同士が選挙区で争う小選挙区制によって、金権選挙からの脱却が可能であるとされた。また小選挙区制によって、二大政党へ政界が再編され、政権交代が実現するとも考えられたのである。

政権継承の新たな鍵は、「政治改革」への取り組みとなり、自民党自身もその検討に着手した。竹下登首相が設置した自民党政治改革委員会は、内閣総辞職直前に『政治改革大綱』を答申したが、委員の後藤田正晴、伊東正義、武村正義などの意向によって、そこでさえ、中選挙区制の改革による「政権交代の可能性」が言及されていたのである。

もっとも、こうした改革には党内の批判も強く、海部俊樹内閣から宮澤喜一内閣にかけて政治改革推進本部・政治改革本部での議論が続いたが、政治改革関連法案の国会での可決に至ることはできなかった。一九九三年、武村を中心とするグループが離党し、さらに小沢一郎らのグループが賛成することで内閣不信任案が可決され、宮澤首相は解散を決断した。その後の選挙では、武村・小沢ら若手政治家グループの離党と新党ブームによって、自民党は単独過半数を維持できなかった。

九三年八月、細川護熙連立内閣という非自民の七党一会派連立政権が成立し、野党自民党との協議の後、九四年一月に政治改革関連法が成立したのである。

細川内閣は政治改革に加えて規制緩和を掲げた。また、一九九四年に成立した村山富市自社さ連立内閣は地方分権改革を掲げた。こうして冒頭に述べたように、省庁再編、司法制度改革など、行政、司法の諸部門への抜本的な改革が進展し、行政改革にとどまらず統治機構全般の改革が叫ばれるようになったのである。

官邸主導という対抗策

さらに、二〇〇〇年代に入ると、〇一年に成立した小泉内閣は、「官邸主導」を掲げた。このスタイルは、一九九〇年代の橋本龍太郎首相が掲げた「六大改革」において、省庁再編と並ぶ内閣強化の改革から登場したものであった。橋本は、九三年の細川内閣の成立によって自民党が下野した後、村山内閣で政権に復帰してから最初に首相に就任した自民党総裁であった。行政改革の原案を作成する行政改革会議を主宰した橋本には、省庁再編を中心に、財政構造改革、社会保障構造改革、経済構造改革、金融システム改革、教育改革からなる壮大な「六大改革」を進めることで、政権の維持を図るという戦略が明確に存在した。

橋本首相の省庁再編と内閣機能強化の構想は、政権交代を可能とする政治改革に対抗して、自民党が政権を維持するための正統性根拠であったと言える。その意味で、官邸主導を目指す省庁再編は、政権交代に対抗し、これを封じ込めるための改革構想であった。実際に、二〇〇九年、一二年の政権交代後、首相の意図を別にすれば官邸主導が明瞭に表れた形跡はない。与党を選挙で打ち破るために、形はどうであれ野党は結束しなければならない。だが、一度政権を手中に収めれば、与党内では立場と見解の差異が表面化する。党首が党内を徹底的に掌握する体制を構築した後に選挙に臨まない限り、与党がひれ伏す「官邸主導」の実現はほとんど不可能なのである。

一九七〇年代には党改革／行政改革という改革の対立軸があった。九〇年代以降には、政治改革、規制緩和、地方分権改革、省庁再編、司法制度改革といった諸改革の中で、政治改革／官邸主導という対立する改革構想があった。これらの対立を克服した結果として、二〇〇九年以後は「政権交代」が政治の主たる局面転換になったと見ることができるのである。

英米における「改革」

だが、そもそもこうした多種多様な「改革」が進行する時代状況は、現代の日本に限らない。事実、一九九〇年代の政治改革以後繰り返し主張されたのは、「明治維新、占領改革に続く第三の改革」という標語であった。ここ二十年のあいだに、自民党の一党優位政党制のもとで作られたもろもろの制度が、その骨格の部分で変化し始めた。二〇〇九年の民主党政権の誕生、一二年の自民党の政権復帰を経ても、いよいよ旧来の体制が崩壊へ突き進んでいるのは確かである。いわば「改革の気分」が政治を包んだのが、右に挙げた三つの時代に共通すると言えるであろう。

アメリカの歴史家R・ホーフスタッターは一九五五年に公刊した著書『改革の時代』の中で、「改革の大波は、一八九〇年代に大きく引き潮となり、一九二〇年代には逆行したとはいえ、二十世紀の大部分を通じて、アメリカ政治の基調を成していた」と述べ、十九世紀末から世紀転換期にかけて登場した革新運動からニュー・ディールに至る改革を六十年以上にわたるものととらえている。(2) また、イギリスでは、十九世紀とりわけ一八三〇年代に成立したホイッグ政権以後、選挙法改革とこれに伴う社会政策の進展、自由貿易をめぐる改革、アイルランド問題への対応など、いくつかの争点を中心に継続的な改革が続けられた。J・ベンサム、J・S・ミルさらには二十世紀のウェッブ夫妻、J・M・ケインズなど、立法改革と政策革新を掲げる論者が絶えず登場したのである。

両国では、ともに改革を支える運動が社会改良の思想とともに持続し、かつそれを絶えず政策へと転換させる仕組みがあった。アメリカにおいては大統領制、イギリスにおいては議院内閣制とともに政党が統治の正統性根拠となり、政権党の交代が常態となった。また、改革案を構想するために専門家を登用した王立委員会（Royal Commission）や大統領委員会（Presidential Commission）など諸々の諮問機関や省庁間委員会が制度の中に埋め込まれていた。これにより、改革の気分が高揚しようが減衰しようが、制度設計の努力は継続的に行われ、かつそれをもとに改革案が実行に移されつづける。だからこそ、イギリスにおける公務員制度改革についてのノースコート・トレヴェリアン報告や、福祉国家化を宣言したベヴァリッジ報告など、重要な報告書は政策の基本文書として歴史に確固と記憶され、研究上も基本文献となっているのである。

日本における「改革」

他方で日本では、改革が進んだとしても、せいぜい首相がいつの間にか委嘱した有識者による審議会で検討された改革に過ぎず、それは国会審議の形骸化と政権による世論の偽装にすぎないと否定的にとらえられてきた。戦前から数多くの審議会や諮問機関が設置されていたにもかかわらず、民主主義の底が浅く、諮問機関の伝統が未成熟であったため、改革の運動はそのときどきの状況に制約された事件とみなされた。池田内閣時代の第一臨調や鈴木内閣の第二臨調など一過性の事件として扱われた改革は個別に記憶された。その結果、一九九〇年代以降、次々と浮上した改革を全体としてどうとらえるかが省みられず、規制緩和、省庁再編、地方分権改革など、分野が異なるものとして別々に検討されるにとどまったのである。

では、一九九〇年代のように、諸々の「改革」が波状的に打ち寄せる事態をどうとらえればよいのか。経済、地方自治、裁判制度など個別に考えるのでは全体像を把握できない。改革の特質を明らかにし、それぞれがいかなる意味で政治と社会の改良を目指した改革であったかを、全体として明らかにすることが必要であろう。まず政治改革後の九〇年代にはそれ以前の従来型改革とは異なる改革が進められ、さらに小泉純一郎内閣下の「構造改革」は九〇年代の改革とは異質の改革であったと見ることができる。つまり、従来型、一九九〇年代型、構造改革という三種類の改革を明確に区別する必要がある。そうした改革が続いた後、二〇〇九年に政権交代が実現した。それはもちろん政治改革の帰結であった。だが、政治改革のみならず九〇年代から二〇〇〇年代にかけての「改革の時代」の産物として、この政権交代をとらえようとするのが本章の課題である。

二　「改革のかたち」の変遷

従来型改革

二〇〇二年以降リーマンショックまでの間、景気の回復を受けて、歳出改革や公務員制度改革、三位一体の改革など、改革は不良債権処理のような民間部門の活性化ではなく、公共部門の変革として行われるようになった。一般には、このような状況下で進行する改革に不可欠なのは「経営主義（managerialism）」とされてきた。公会計制度の改革、能力給の導入、行政評価手法の開発や顧客志向の公共サービス提供など地方自治体におけるニュー・パブリック・マネジメントの導入の試みは、経営的手法による効率的な運営を目指した。究極的には、公共部門を私企業と同様の経営体とみなすことが目標となった。

だが、「経営主義」自体は、一九八〇年代の国鉄・電電公社の民営化でも主張されていた。八〇年代には、鈴木善幸・中曾根内閣の方針に基づき、第二臨調のような第三者機関としての審議会が、世論の支持を集めつつ、答申を提出し、改革を推進した。

では、一九八〇年代以降連綿と経営主義的改革が続いているかと言えば、その政治的文脈は八〇年代、九〇年代、二〇〇〇年代で大きく異なる。

まず一九八〇年代には、中立的な審議会によって、公社という事業体に対する経営主義的改革が行われた。その際の審議会では、委員には財界、労組、官僚OB、有識者などが選ばれ、議事もおおむね事務局の根回しが前提となり、結果としては最終答申を全会一致で採択することが通例となった。ウェブのない時代であったため、答申は印刷された冊子として関係者に配布されるのみであり、議事録の公開などはおよそ考えられないことであった。いわば、密室の中で利害関係者のバランスが絶えず考慮されて、しかるべき結論が導かれたと言ってもよいであろう。(3) これを「従来型改革」と呼んでおきたい。

一九九〇年代型改革

続いて一九九〇年代の改革では、やはり中立的な審議会を通じてではあるが、統治機構の諸機関が分権化・規制緩和の趨勢《すうせい》の中で全面的に改革された。これらを「一九九〇年代型改革」と呼ぶ。八〇年代の従来型改革はせいぜい中央省庁の行政改革であり、地方自治体や司法権などには改革が及ばなかった。だが、政治改革以後の一九九〇年代型改革では、統治機構の全体を再点検することが次第に構想され始めた。しかも、継続して審議会が設置されて、改革案の提出、改革過程の監視が進められた。そこでは、各界代表者よりも専門家なかんずく法律家が重要な役割を果たした。その対象も、内閣法、国家行政組織法、地方自治法など憲法に準じた、統治機構の骨格をなす基本的法律がとりあげられ、変革が進められたのである。

そうした改革の基調を明確に表現しているのは、一九九六年に公表された地方分権推進委員会の中間報告である。それは分権改革を、「相互に複雑に絡まり合っている諸制度の縫い目を一つ一つ慎重に解きほぐし、システムの変革に伴いがちな摩擦と苦痛の発生を最小限度に抑えながら、諸制度を新たなデザインに基づいて順序よく縫い直して、その装いを新たにしていくべき事業」と位置づけた(4)。

このような、慎重な審議のためには高度な専門知識が不可欠であり、多数の専門家が集結し、厖《ぼう》大《だい》なエネルギーが投下されて改革が進められた。一つ一つの改革が慎重に検討されただけではない。「相互に複雑に絡まり合っている諸制度」を対象とする以上、一つの改革はほかにも影響を与える。たとえば省庁再編については、地方分権改革に逆行しないよう、専門的見地からの詳細な検討が必要となった。こういった検討がほとんどあらゆる改革で進められたのである。

自治・独立機関の強化

しかも注意して見ると、この間の改革では、全体として諸機関の「自治」・「独立」権限が強化されたという特徴がある。それはとりもなおさず、統治機構の機関は互いに独立性を担保しあう性格をもっているからである。

一九九〇年代の諸改革を振り返ると、まず、地方分権化は言うまでもなく「自治」強化の中核をなしていた。九五年に設置された地方分権推進委員会の五次にわたる勧告をもとに、九九年に地方分権一括法が成立した。国と地方は原則として対等の関係とされ、中央統制の道具とされた機関委任事務が廃止され、国の地方への関与がルール化された。

並行して進行したのは、大蔵省改革である。その一環として、一九九七年の改正日本銀行法は、金融政策における日銀の「開かれた独立性」を確保するため、政府の広範な業務命令権を廃止するとともに、最高意思決定機関としての政策委員会の活性化及び議事録の公開を規定した。さらに九八年六月には、大蔵省銀行局から監督部門が分離されて金融監督庁が設置され、同年十二月には金融再生委員会の管理下に置かれた。これは行政委員会の強化という「独立」機関強化の潮流に属する。

すでに一九九六年には、規制緩和を背景に公正取引委員会の組織強化が図られて、事務局が事務総局へと改組された。二〇〇三年の食品安全委員会の設置、〇五年の独占禁止法の改正は、こうした「自治」・「独立」強化の潮流が継続していったことを示している。また、司法制度改革は、司法権を強化する点で、これらと軌を一にする方向への改革であった。民事刑事裁判の充実、法曹人口の拡大、裁判員制度の導入などによって、一九九〇年代型改革の「最後のかなめ」と自らを位置づけたことは、本章冒頭で見たとおりである。

省庁再編の意図

こうした自治・独立機関の強化は、ほかの改革、とりわけ省庁再編と大きく関わる。各機関と省庁との関係が問題となっただけではなく、省庁再編の大きな課題であった内閣機能強化と、これらの機関の強化の方針が衝突しかねないからである。

そもそも省庁再編はどのように構想されたのかをここで振り返っておきたい。橋本龍太郎内閣で首相自らが審議会を主宰した行政改革会議は、省庁再編と内閣機能強化を掲げた。その最終報告はこう述べている(5)。

戦後型行政の問題点、すなわち、個別事業の利害や制約に拘束された政策企画部門の硬直性、利用者の利便を軽視した非効率な実施部門、不透明で閉鎖的な政策決定過程と政策評価・フィードバック機能の不在、各省庁の縦割りと、自らの所管領域には他省庁の口出しを許さぬという専権的・領土不可侵的所掌システムによる全体調整機能の不全といった問題点の打開こそが、今日われわれが取り組むべき行政改革の中核にあるといって差し支えないのである。

その上で具体的な処方箋として挙げられたのは、次のような方向性であった。

まず、総合性、戦略性の確保という観点から、基本的な政策の企画・立案や重要政策についての総合調整力の向上などを目指して官邸・内閣機能の思い切った強化を図ることである。このことは、行政の機動性の確保にも大きく寄与するものとなろう。

また、企画・立案機能と実施機能の分離や中央省庁の行政目的別大括り再編成・相互提言システムの導入は、個別事業の利害や制約、縦割りの視野狭窄を超越した、高い視点と広い視野を備えた、自由闊達かつ大所高所からの政策論議を帰結し、行政の総合性を増進する結果となるであろう。

以上を受けて構築されるべき行政組織とは、次のようなものとされる。

国家百年の計に思いを致しながらも、常に時代の要請に機動的かつ弾力的に応え得る、柔軟な行政組織を編成することである。この国のわずか四半世紀の歴史が如実に物語るように、行政に求められる役割は時々刻々めまぐるしく変遷しており、半永久的な、堅牢な行政組織を構築することは、新たな硬直的行政を生ぜしめかねない。政策内容の評価を行うがごとく、行政組織についても、不断の見直しを行い得るような仕組みを組み込むことが必要不可欠であろう。

官邸・内閣機能の強化と合わせるならば、「硬直的」な行政組織を見直す主体は——国会が最終的には重要であることはいうまでもないが――第一次的にはやはり官邸・内閣となるであろう。
もっとも、二〇〇一年一月に発足した新しい行政組織の体制は、必ずしもこうした運用を求めるものではなかった。それは、当時の森喜朗《よしろう》内閣がとりたてて新しい行政組織に即応した方針を打ち出さなかったことからも読み取れる。四月に森内閣に代わって政権を組織した小泉内閣が、新制度の斬新な運用を進めたのであった。

政権交代と官邸主導の関係

だが、こうした官邸・内閣の機能強化は、政治改革それ自体とはどのように関係づけられるのであろうか。一九九三年、政治改革を実現するために成立した細川内閣は、およそ官邸・内閣の機能強化とは程遠い姿であった。細川自身は、首相特別補佐に田中秀征《しゅうせい》を起用するなど首相権限の強化を図ってはいた。しかし、各党代表が出席する与党連絡会議は新生党の小沢一郎が主導し、閣内では官房長官の新党さきがけ代表武村が、首相とは半ば対等に独自の政治構想を掲げていた。
一九九四年二月十五日、内閣改造を目指す細川は彼に反対する武村との会談について、こう記している。(6)

問題の核心は官邸が機能せざるところにあり。とりまとめ役たる官房長官に対する与党内からの不信の高まり、霞が関からのそれに勝る不信感はいよいよ極まれりと言うべし。「武村氏は一体官房長官なのか、それともさきがけの党首なのか」「権力志向でギラギラし過ぎている」「いかなる場合も女房役として総理をかばうのが役目であるにもかかわらず、公然と総理批判を繰り返すのは言語道断」などの声も噴出す。そのような状況を知ってか知らずか、自派の勢力拡張、権力闘争と受け取られるような動きばかり耳に入るは誠に困ったことなり。

これは与党の側では、とりわけ小沢新生党代表幹事の、武村に対する不信感に連なるものであった。だが、武村は官房長官とはいえ、連立政権の対等なパートナーであったことを強調する(7)。

過去に日本の政治で、総理大臣と官房長官が党を違えているというか、別の党の党首二人が内閣で役割分担をしているという例はあまりなかったように思います。私の反省すべきことも確かにありました。ただ、私は絶えずさきがけを背負っている気持ちがありましたから、単純に小沢さんたちが求めていたように、総理の使い走りというか女房役に徹していればすむというわけではない。かなり自立していたし、私の一挙手一投足をさきがけの同志がどう思ってくれるか、彼らがどう考えるかということをいつも頭に置いていました。

これが自民党を野党に追いやった内閣の姿であった。政権交代の結果、首相と官邸の指示の下、内閣が一体となって与党にその意向を貫徹させることは、日本に限らず困難である。イギリスや、イギリスの議院内閣制を起源とするオーストラリアなどのように、まず野党時代に党首が十分な時間をとって政治の方向性と具体的な政策案を準備したうえで政権を奪取することが求められる。しかしそれが成功したとしても、多くの場合、新政権発足後の与党内では、しばらく経験したことのない権力への接近によって、様々な政治的競争が生じるのである。

イギリスでは、伝統的な内閣のモデル、つまり大臣たちがチームとなって各省の政策を立案・執行する仕組みを「内閣政治」と呼んでいる。そこでは、選挙の際に有権者に示されたマニフェストを、閣僚が一体となって官僚に浸透させ、それを実施することが目指される。これに対して、首相個人が指導力を発揮して政策を策定する「首相政治」は、歴代首相の目標ではあったが、かろうじて実現したのは、マーガレット・サッチャーとトニー・ブレアという実に限られた例でしかない。

これと比べて、日本の二〇〇九年と一二年の政権交代ではともに、野党の党首・総裁は総選挙の数カ月前に新しくその任につき、準備の余裕もないまま選挙で勝利して首相に就任した。かつて小泉首相が前内閣の福田康夫官房長官を留任させ、前首相であった森の支援を受けつつ政権を運営したのとは全く状況が異なる。そこには官邸主導を成立させる条件がそもそも存在していないのである。つまり、小泉内閣が鮮やかに印象づけた「官邸主導」を、政権交代の時代にそのまま実現することはできない。その意味で我々は、政治改革とは相容れない「官邸主導」しか経験していないのである。

そもそも、小泉内閣の「官邸主導」の構想が、政権交代を封じ込める目的を持っていた。橋本内閣から小泉内閣にわたって目指された官邸主導とは、一九九四年に政権に復帰した自民党が、党政調会の各部会と各省とが一体となって省庁セクショナリズムを強化するのに対抗して、官邸の権限を強化することを目指すものであった。省庁再編を検討する行政改革会議が設置された九六年から新体制が発足する二〇〇一年まで、各省は再編圧力にさらされ続けた。それこそ、政権が官僚制を統制する手段だったのである。

そこでは、選挙のマニフェストはとりたてて重要ではなかった。課題とされていたのは、従来の省庁ごとの政策形成の仕組みを前提としながら、これを乗り越える官邸を構築することであった。小泉首相が一貫してマニフェストに冷淡であったのも、ここに理由の一端がある。それはすなわち、かつての長期政権の継承の中でこそ機能するものであった。

構造改革

二〇〇一年四月に成立した小泉内閣は、こうした独自の「官邸主導」のもと、経済財政諮問会議を拠点に、金融市場改革を中心とした「構造改革」を推進した。この言葉は当初、小泉首相年来の課題であった郵政民営化を政策に仕立て上げるための標語であったと言うべきであろう。だが、首相の特命を受けた担当大臣が諮問会議を民間議員とともに主導し、これがほかの機関の改革を巻き込んでいくことで、規模の大きな改革になるという経緯をたどった。もともと一九九〇年代型改革とは異質な経済政策上の改革が、次第に内閣の中心的な施策になっていったのである。ここには、

「官邸主導」の政策形成の基本的な特性が如実に表れている。

まず、一九九〇年代型改革が統治機構を形成する法制度の改革であったのに対して、ここでは経済制度の改革が中心に据えられた。法制度の改正にしばしば見られるように、一九九〇年代型改革が慎重に手続きを踏んだのに対して、構造改革では「改革の加速」が重視され、矢継ぎ早に新しい課題がとりあげられた。

もっとも、小泉後の第一次安倍晋三内閣で閣僚が次々に「スピード感」という言葉を口にして、きわめて短期間で問題の処理を図ったのとは異なり、小泉内閣では、世論の動向を見ながら改革スケジュールが周到に設計されていた。かつて中曾根首相は、首相退任に当たって世論を見極めながら政策形成を進めたことをこう振り返っている(8)。


大事なことは、リズムとテンポではないでしょうか。国民との対話、ダイアローグの中で政治を進めていく以上は、テンポとリズムに合った対応をしていかなければ、国民の側にたちまちフラストレーションが溜まってしまう。情報化社会ということが盛んに言われますが、日本ほど中産階級が発達し、国民の教育水準が高く、しかも高度で豊かな情報を取り入れている国は他にありません。そのような国民を蚊帳《かや》の外に置いたままで、既成の政党人が国会周辺の永田町の駆け引きで論議するだけだとしたら、はたして充分に民主主義的であると言えるのでしょうか。

中曾根内閣時代よりもはるかに情報化が進んだ時代に、小泉首相は、この意味での「リズムとテンポ」を徹底的に計算したと言うべきである。

一九九〇年代型改革から見ると、二〇〇五年九月の郵政解散に伴う総選挙の際に、多くの論者は、小泉首相が選挙公約を郵政民営化に絞り込んだことを「シングル・イシュー」の総選挙だと批判した。解散総選挙の争点は、政治の全般にわたるべきものだという批判である。しかし、こうした批判は、あるべき改革は統治機構全般の改革と考える九〇年代的な発想の産物であった。構造改革は、一九九〇年代型改革とは決定的に異質なのである。

確かに、一九九〇年代には、統治機構の根本をなす制度の改革が行われた。この延長で構造改革を見ると、日本道路公団や郵政公社など、取るに足らない小組織について改革を集積していたに過ぎないように見える。

だが、構造改革の本質は経済システムの活性化であり、その論理を社会の隅々にまで及ぼすことである。経済システムを停滞させた最大の原因である金融システムの改革、なかんずく不良債権処理が、改革の出発点であった。

目的としての改革・手段としての改革

郵政民営化が政策上重要視されたのは、世界最大規模の民間金融会社を作り出して、これを機に日本の金融システムをグローバル経済に適用させ、それによって社会全体の変化を加速しようとしたからである。つまり、構造改革には二つの特徴があった。第一に、改革対象を戦略的に絞りこみ、大きな経済効果を狙うことである。第二に、機動的な政策決定である。大臣と民間議員とが同数の経済財政諮問会議は、政策案の検討と意思決定とが同時に行われる点で、意思決定過程の加速を可能とする装置であった。

したがって、第一に、一九九〇年代型改革がもっぱら法制度的な改革であったのに対して、構造改革は経済面の改革であった。前者から見れば、法制度として重要な制度こそが改革の対象であるが、後者から見れば市場経済の活性化に資する改革こそが重要な課題となる。つまり、構造改革にとって制度改革は手段であって、目的ではなかったのである。

だからこそ第二に、一九九〇年代型改革では、改革の対象に応じて一つ一つ審議会が設置されて法律専門家が重要な役割を演じたのに対して、構造改革では経済財政諮問会議が改革の司令塔となった。

そして第三には、一九九〇年代型改革では審議の緻密さが求められたのに対して、構造改革では審議の速さが求められた。加速を至上課題とする構造改革では、数値目標の設定が何よりも重要であり、その手続き的な裏づけは二次的な問題でしかない。したがって、制度設計の整合性よりは、目標の達成こそが課題となる。制度の不具合がもたらす「摩擦と苦痛」は、さらなる改革の加速によって解決すればよいのであり、それ自体は問題ではないことになる。

このように、一九九〇年代型改革と小泉内閣以降の構造改革とは、改革の特徴が大きく異なるのである。

三　官邸主導の限界

内閣機能強化の限界

三つの改革の型を区別することで具体的に見えてくる例をあげてみたい。それは一九九〇年代型改革によって強化された自治・独立機関と、構造改革における官邸主導の経済改革との対立である。「官邸主導」の前提である内閣機能の強化は、省庁再編の一側面であり、自治・独立機関の強化という一九九〇年代型改革の一環にあった。省庁に対して官邸の権限が強化されたとしても、日銀、公正取引委員会、地方自治体など制度上独立と自治を保障された機関もまた権限を強化されている。両者が衝突した場合にいかなる解決がなされるかを、一九九〇年代型改革は全く想定していなかった。第二次安倍内閣が発足後に日銀の独立性を弱めるかのような制度改正に言及し、結果として白川方明《まさあき》総裁を任期終了前に退任させ、大規模な金融緩和を通じた物価上昇に積極的な黒田東彦《はるひこ》を総裁に就任させた一件も、こうしたケースの一例である。

内閣と自治・独立機関の対立は、小泉内閣の「構造改革」のもとで顕在化した。すなわち、これら諸機関の財政的基盤を改革の標的とする動きが表面化したのである。現行制度上、自治を基礎づける法的権限は、自治の財政基盤を保障するにまで至っていないからである。国家財政が厖大な赤字を抱え、少子高齢化が急速に進行する中では、自治の財政的基盤を保障するという政策選択は現実的とは言い難い。

たとえば地方制度改革においては、中央主導の市町村合併によって、基礎自治体の規模拡大が半ば強制的に誘導された。また、三位一体の改革では、税財源の移譲に先行した補助金の削減によって、自治体財政が危機にさらされた。これらの上に進行した改革は、人件費の大幅な削減を中心とする、自治体の財政健全化であった。

この文脈上に、同じ三位一体改革下での義務教育費国庫負担金の廃止問題がある。教育権の独立が強硬に主張された一九四〇―五〇年代から見ると、これは自治権の侵害にあたるであろう。負担金維持を掲げる中央教育審議会はその政治的中立性を背景に、総選挙による国民の支持を背景とした官邸とは異なる答申を発した。しかし、審議会委員の選定過程の不透明性を勘案すれば、総選挙に表れた民意に対抗すべくもない。結果として、負担率を引き下げることで妥協がなされたのである。

二〇〇四年から実施された国立大学の国立大学法人への移行も同様である。大学の自治とは裏腹に、独法化された大学では、交付金が減額される中で新しい運営方法が模索されている。同様の人件費の削減は、公務員総数純減と並行して、行政府のみならず、裁判官・国会職員といった司法府・立法府にも適用された。言うまでもなく公務員制度改革は、政治的中立のもとにあるはずの公務員制度を政治の支配下におこうとする点で、同様の改革の例である。

田中耕太郎の「独立の理論」

戦後における自治・独立機関の制度原理は、文部大臣、最高裁判所長官を歴任して戦後の教育と司法の基礎を構築した田中耕太郎の理論と活動に表れている。商法学者・法哲学者として著名であった田中は、東京帝国大学法学部長、文部省学校教育局長、文部大臣、参議院議員を務めた後、一九五〇年から六〇年まで最高裁判所長官となる。これらの制度について田中は次のように述べている。(9)

> 私は大学教授時代には大学の自治、文部省と参議院時代には教育権の独立を擁護する立場におかれた。最高裁判所においては司法権の独立を守らなければならない。大学自治や教育行政に関しては私の司法権の独立の理論を援用した。司法に関しては大学自治と教育権の独立を類推し得るものと信じた。この三つの国家機能の間には理論的な統一が存在している。この理論が三淵先輩（初代最高裁裁判所長官・三淵忠彦：引用者注）の激励と相まって、私に最高裁判所で十年間働く原動力となったのである。

「三つの国家機能」とは田中自身の足跡でもあった。商法すなわち民間企業・商行為への法規制とカトリック信仰を思索の出発点とした田中は、国家に対する小社会集団の自律性を最大限に擁護しつつ、自らが歩んだ大学、初等中等教育、司法を貫く「理論的な統一」として、「独立」の理論を構想した。しかも、田中が重視したのは理論のみならず、それを支える行政であった。田中は、大学行政、教育行政、司法行政のそれぞれにおいて精力的に活動し、その活動を通じて「独立の理論」を戦後の教育・司法に刻印したのである。

他方で、一九五五年以降は、自民党の一党優位政党制が永続的な影響をこれら諸制度に及ぼしていく。同一政党が内閣を組織して、半ば恒久的に自治・独立機関に影響を与えうる状況となっていたのである。とりわけ人事と予算については内閣の影響力が強く作用する。継続的に同一政党が影響を及ぼす状況下で自治・独立を守るためには、対外的には内閣の意向を勘案しつつ、対内的には事務部門が方針を策定し、強固な官僚的統制を及ぼすことで、内部管理に対する外部からの作用を遮断する措置がとられた。

典型は、田中が基礎を作り上げた戦後の司法府である。最高裁判所を頂点とする司法府は、官邸からの直接的な指示を避けるために、その意向に反しない裁判官人事を行い、違憲判断を抑制することで外部からの作用を可能な限り遮断した。その上で、対内的には「事務総局支配」と呼ばれた行政システムを構築した。ここでは、事務総局に勤務する裁判官が幹部となり、対内的には下級審への人事・予算での統制を強化する閉鎖的な組織環境――田中の言葉を借りれば、裁判所内での上

意下達の「権威」的関係――を構築したのである。(10)

内部行政の変化

したがって、「官邸主導」が、自治・独立機関の権限と衝突する場合には、このような閉じた内部行政が改革のターゲットとなる。いわば、外からの「経営主義」化が図られるのである。これに対抗して、権威的関係としての内部「行政」と外部との関係はどのように変化していったのであろうか。ここでは大きく三つの特徴が挙げられるだろう。

第一には、民主的手続きの深化である。司法制度改革における裁判員制度の導入は、司法の民主化によるその「国民的基盤」の強化である。戦前の陪審法の実施過程では、陪審裁判に対して熱心に報道がなされ、総じて国民的関心は高かった。

導入初期には法廷内外で混乱が生じた裁判員制度だが、粛々と進められた結果、制度としてはすでに根づきはじめている。問題点を改善しつつ、これがさらに定着するならば、司法に対する強い国民的支持が得られることになるであろう。民主的正統性を得た司法権が、立法権・行政権に対して従来以上に強硬な主張を突きつけるのを辞さないということもありうる。

二〇一一年の最高裁判決以来、議員定数の不均衡という違憲状態を放置して一二年の総選挙を行った衆議院に対して、全国の下級審で違憲判決が噴き出している。最高裁判所が、違憲状態を継続する立法府に対して今後一層強い態度で臨むことは十分想定できる。違憲立法審査権の本格的な行使は、こうした条件の下で開花する可能性が高いのである。

また一九九〇年代の地方分権改革以後、二〇〇〇年代には、「闘う知事会」が国に対して一層の地方分権化を促した。さらに大阪府知事、大阪市長に就任した橋下徹《はしもととおる》は、住民からの高い支持率を背景に、大阪都構想をはじめ国に強硬な制度改革要求を突きつけ、さらには日本維新の会を結成して政権への参画を目指している。こうした首長が今後橋下以外にも現れる可能性は高いであろう。ローカル・デモクラシーでの信認を基礎にして、対外的に能動的な地方自治体が登場しつつある。

第二には、国際化の進行である。たとえば大学において、すでに諸外国で近年、大学間の国際的連携が急速に進みつつあり、これにどう加わるかは現在大きな課題となっている。財政基盤が縮小する日本の国立大学法人は、今後国際的な連携によって資源の不足を海外で補う必要性に直面するであろう。

また、司法制度改革審議会の最終報告でも、途上国の法整備や、司法手続き・法曹の国際化が主張されている。従来、自らを閉じることで「自治」・「独立」を守ってきた大学や司法が、外部と連携することによって自律性を守ろうとしはじめたとも言えるであろう。

第三には、公論の形成機能が強化されていることである。「開かれた独立性」という日銀改革の政策目標は、ほかの機関についても当てはまる。すなわち、内部での審議過程の部分的な公開によって、それが誘発する公論が機関の「独立」を強力に支えうるのである。地方自治体での情報公開は、首長にとって対外的な情報発信でもあり、かつ首長による自治体職員への統制手段でもある。

このことは橋下の大阪府政・市政が雄弁に物語っている。

政策決定過程を検証せよ

このように、政府機構は、周辺的な存在とみなされてきた自治・独立機関から変容を遂げつつある。およそあらゆる政府機構においては、内閣、各省、自治・独立機関の間で潜在的に政策対立が生じている。戦後長らく、自民党長期政権下でこれら機関間の見解の相違は封印されてきた。しかし情報公開をはじめとする諸改革と政権交代によって、ようやくこの政策対立が公論と結びつきはじめたのである。

振り返れば、一九九〇年代型改革において批判されたのは、省庁主導の政策過程であった。それに対して構造改革において新しく内閣主導の政策過程が登場した。政権交代の時代に問われているのは、「開かれた独立性」を有する諸機関が並立する中で、いかに内閣がリーダーシップを発揮するか、また公開の進む資料を通じて政策決定過程をいかに検証するかということなのである。

かくして、一九九〇年代型改革の先鞭をつけた政治改革、官邸主導を支える省庁再編、自治・独立機関の強化という流れが、二〇〇一年の小泉内閣成立以後互いにもつれ合いながら、〇九年の政権交代を迎えた。官邸を中心に改革の構図を整理するならば、〇九年以前では政権交代を封じた官邸主導が、自治・独立機関と対立した。〇九年以後は、政権交代によって弱体化した官邸が、自治・独立機関と対立しつつ、改革を主導しようと苦しんでいるのである。以下では、小泉内閣の官邸主導のメカニズム、それに反発する省庁官僚制の変容、さらに官邸主導の改革が頓挫している公務員制度改革の特徴を検討する。

第三章では、構造改革の司令塔とされた経済財政諮問会議をとりあげ、その役割を明らかにする。省庁官僚制は官邸主導に屈服したのではなく、構造改革と政権交代を経て変容・再生していく。その過程を第四章で追跡する。

第五章で、小泉内閣以降現在に至るまで、提起されながら必ずしも実現していない公務員制度改革をとりあげる。公務員制度は政治的中立の下に設計され、その制度設計を所掌する人事院は制度上、独立性が保障されている。しかし公務員制度改革は、公務員人事を内閣の権限とすることで政権党への忠誠を強く求めようとするものである。さらに人事院の独立を解体する方向で改革案が提示され続けた。その特性は、構造改革の後、第一次安倍内閣以降の改革の特徴を表していると同時に、政権を混乱させるという結果を呼び込むものでもあった。その経緯を振り返ってみたい。

第三章 小泉内閣はいかに「官邸主導」を作り上げたか

首相官邸での経済財政諮問会議に臨む（左から）福井俊彦日本銀行総裁、麻生太郎総務相、谷垣禎一財務相、細田博之官房長官、小泉純一郎首相、竹中平蔵経済財政・郵政民営化担当相（2005年10月13日撮影　写真：読売新聞／アフロ）

一　「官邸主導」とは何だったのか

新しい省庁体制

二〇〇一年一月に新しい省庁の体制が発足した。それ以前の府省は、総理府、法務省、外務省、大蔵省、文部省、厚生省、農林水産省、通商産業省、運輸省、郵政省、労働省、建設省、自治省であった。新しい体制では、内閣府、総務省、法務省、外務省、財務省、文部科学省、厚生労働省、農林水産省、経済産業省、国土交通省、環境省となった。省の変化は、大臣の質的な変化でもある。新しい省庁の体制は、新しい型の大臣を生み出した。新しく制度化された特命担当大臣は、省庁再編後の森喜朗内閣では、防災担当、行政改革担当・沖縄及び北方対策担当、金融担当、経済財政政策担当、科学技術政策担当の五つであったが、四月に発足した小泉純一郎内閣はこれに規制改革担当を加えた。さらに二〇〇二年九月の改造では、男女共同参画担当、産業再生機構担当、食品安全担当、個人情報保護担当、構造改革特区担当が付け加わった。

「官邸主導」は、単に首相が状況を主導することを指すのではない。首相が大臣に適宜指示を出し、大臣が徹底的に業務を遂行する。その際に、大臣は省庁官僚によって統制されるのではなく、これと協力しながらも、政権なかんずく首相の指示を省庁官僚に貫徹させるよう努める。首相とこ

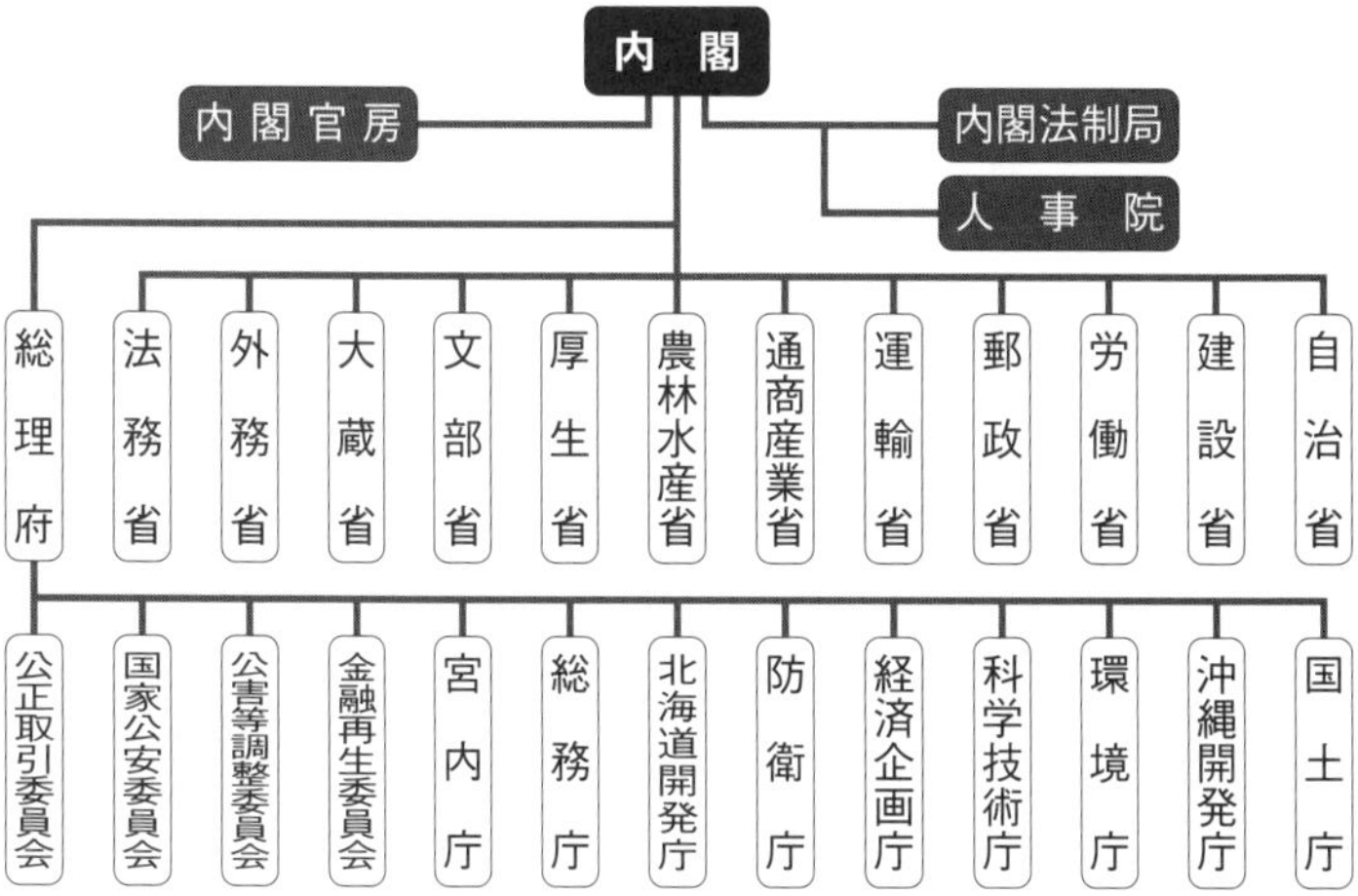

2000年までの行政機構概略図

注：各省庁の外局は除く

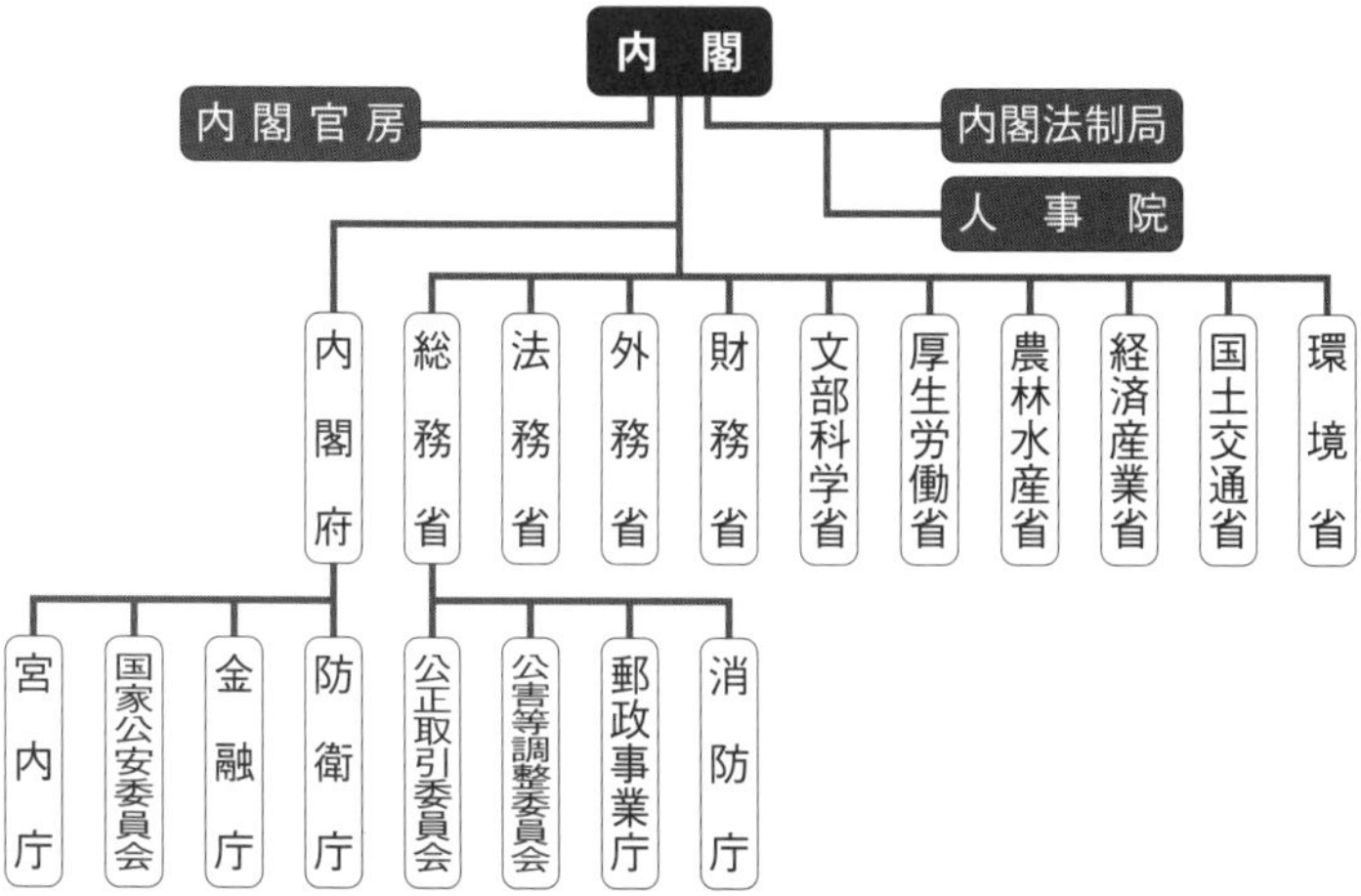

中央省庁再編時の行政機構概略図（2001年1月）

注：内閣府、総務省以外の外局は除く

れを支える首相のスタッフ、大臣とこれを支える省庁官僚という四者がおおむね首相の構想する方向に向かって政策を形成すること。それが「官邸主導」である。

従来の自民党政権では、省庁官僚が政調会部会と不即不離の関係に立ちつつ大臣を半ば支え、半ば統御していた。しかし「官邸主導」では逆に、首相と大臣がチームを組織し、与党と省庁官僚とを統御していくのである。

省庁再編後の政権継承

二〇〇一年四月に発足した小泉内閣は、こうした省庁再編の成果の上に立って、独自の「官邸主導」の型を作り上げた。それにより中曾根康弘内閣後の自民党政権では唯一、五年を超える長期政権を維持したのである。

この「官邸主導」の特徴は、省庁再編の直後のタイミングで行われたということだけではない。前後の内閣との政権継承の性格にある。すなわち前政権からの円滑な継承と、後継政権との断絶という特性である。

一つには、小泉は森内閣時代に森派(清和政策研究会)の事務総長を務めており、森内閣の官房長官に福田康夫を起用する際にイニシアティブをとっていた。その福田をそのまま官房長官として留任させて小泉内閣を発足させたのである。その後、内閣と与党とが衝突したときにはしばしば森が仲介に立った。小泉は前政権との継承に十分留意していたのである。

二つには、小泉後の第一次安倍晋三内閣が、小泉内閣から人事を徹底的に入れ替えて政権継承を果たさなかったため、かつての田中角栄内閣と同様、前政権との断絶ゆえの混乱を招いた。小泉内閣の官邸主導の基礎もまた、このときに失われたのである。

今後、政権交代が不安定に続くうちは、首相の指導力が不足し、官邸主導は実現しないであろう。とするならば、唯一の成功例として、小泉内閣が官邸主導を進めることのできた条件を検討する意味は大きいのである。

小泉内閣、四つの特徴

二〇〇一年三月、森首相が退陣を表明した時点で、橋本派は国民の怨嗟《えんさ》の的となっていた。橋本龍太郎内閣時代の経済失政への反感や、脳梗塞で倒れた小渕恵三首相から森首相へ政権を委譲する際に、橋本派幹部が密室で決定したことへの嫌悪感が原因であった。そこで、国民からの熱狂的とも言える支持を受けた小泉が党内でも橋本を圧倒し、自民党総裁・首相に就任したのであった。二〇〇六年九月に退陣するまでの小泉内閣の特徴は、次の四点に整理できる。

第一に、異例なほどの高支持率である。組閣当初の八〇%近い支持率は、おおむね五〇%から四〇%弱の間を推移し、長期間にこれほどの支持率を確保した内閣は例を見なかった。

第二に、饒舌《じょうぜつ》な閣僚が多かったことである。小泉自身の発言は「ワンフレーズ」に終始しているが、その短い言葉をマスメディアは待ちかまえた。内容の有無にかかわらず、政治から社会問題・

芸能に至るまで、小泉のコメントがメディアに流されていった。また、政権発足時の閣僚には、塩川正十郎《まさじゅうろう》財務相、田中眞紀子《まきこ》外相、石原伸晃《のぶてる》行政改革担当相など個性的な話しぶりを特徴とする政治家が多数いた。加えて、「小泉内閣メールマガジン」を発案し、「改革なくして成長なし」などのキャッチフレーズや「改革工程表」などの造語を次々と発する竹中平蔵《へいぞう》経済財政担当相は、前後を見渡しても政権の看板閣僚と言えた。

第三に、内閣を支える官僚集団が質的に変容していったことである。政権発足直前の二〇〇一年一月に新省庁体制が発足した。省庁数の削減と、内閣官房・内閣府の機能強化がその柱であった。この帰結は次の三点である。一つは、新設府省における意思決定手続きが当初は明確でなかったこと。二つには、個々の官僚にとり、従来の府省を中心とした昇進経路がどう変化するか見通せなかったこと。三つには、首相を直接補佐する内閣官房・内閣府が膨張したことである。かくして、小泉が首相に就任したときには、過去の経緯にとらわれない政策決定を可能とする官僚集団が背後に控えていた。将来の昇進経路さえ定かではないために、省益にさほど拘泥《こうでい》せず、新しいプロジェクトに対して能動的・協力的な官僚も少なからずいたと言える。

第四には、与党が政府の対応に振り回され続けたことである。小泉は閣僚の選任にあたって、派閥の意向を前提とせずに組閣を行った。さらに、解散権をもとに与党を揺さぶり、閣僚の任命に際して「抵抗勢力」を徹底的に排除した。そして小泉自ら自民党に対して与党の法案事前審査制廃止を提案し、与党の要求をしばしば無視することで、与党の法案作成への影響力減退に少なからず成功したのである。しかも以上の過程と並行して、かつての最強派閥であった橋本派の幹部たちが次々と政界を離れることで派閥の解体が進んでいった。小泉は自民党を「壊す」ことに、ある程度は成功したと言えるであろう。

これらは、小泉内閣が一歩一歩官邸主導の政策形成を実現していくために必要な条件でもあった。その結果として小泉内閣は、官邸主導の原型らしきものを作り上げたのである。五年を超える内閣継続の基礎にあった官邸主導は、高く評価されなければならない。だがそれは容易に再現できはしない。その成立過程は着実なものというよりは、様々な政治的事件の中で動揺を経ながら実現されてきたというべきものだったからである。したがって、結果として形成された「官邸主導」も堅固なものではなく、状況次第でいかようにも変質しうるものであった。小泉内閣での官邸主導の形成過程を追跡することによって、その歴史的条件を明らかにすることができる。

以下、本章ではまず、小泉内閣の主要な施策である外交、行政改革、経済政策をとりあげ、福田官房長官、田中外相、石原行政改革担当相、竹中経済財政担当相に注目し、この四名の行動を検討する。そのうえで、首相と大臣を補佐する官僚集団の質的変化を考えてみたい。

行政官的首相と大統領的首相

二〇〇〇年十二月に森内閣は、翌年一月の省庁再編に合わせて内閣改造を行った。橋本はこのとき沖縄開発庁長官・行政改革担当相に就任し、内閣官房にその手足となる行政改革推進事務局を設

岸派→福田派→安倍派（86年—）→三塚派（91年—）→森派（98年—）

岸派の系譜

置した。当時、森内閣はほとんど死に体となっており、橋本は、首相時代に行政改革会議を通じて自ら手がけた省庁再編を完成することを目標に、再度首相に就任することを狙っていたものと思われる。森がそのまま政権を維持すれば、おそらくは従来の自民党政権とかなり近い形で府省を運営したであろう。

また、橋本が政権に就いたならば、自ら諸々の会議に出席し、陣頭指揮をとったであろうと思われる。竹下派七奉行（梶山静六、奥田敬和、渡部恒三、羽田孜、小渕恵三、橋本龍太郎、小沢一郎）の一人であった橋本は厚相、運輸相、蔵相など数多くの閣僚を歴任し、首相時代には行政改革会議を自ら主宰したように、行政の運営方法を知悉《ちしつ》し、政策の細部にわたって自ら指示するタイプのリーダーシップを発揮していた。首相時代、「優秀な課長補佐」「中隊長」「主計官」「危機管理官」などと官僚から評されたように[1]、橋本は行政官の長としての総理大臣、いわば「行政官的首相」を目指していたからである。

これに対して、小泉が目指したのは「大統領的首相」であった。小泉は、就任当初から公選された首相であると自任し、二〇〇一年七月には「首相公選制を考える懇談会」を設置した。これは、小泉内閣が設置した数多くの諮問機関のうち、ほぼ唯一小泉が全回出席した諮問機関であり、翌年八月まで首相公選制の実現可能性をめぐって検討を続けた。結果的に首相公選制へ向けた改革は行われなかったが、この懇談会は二つの効果をもたらした。

一つには、この懇談会が開催されていた一年間は、小泉が事実上公選によって選任された首相であることを絶えず印象づけたことである。二つには、第一章で述べたように、自民党内では、首相公選制は中曾根元首相の持論であり、中曾根が自称した「大統領的首相」を、小泉も目指しているであろうことを示唆したのである。

首相的官房長官

小泉は実質的な政策決定の多くを官房長官の福田に任せた。その点で、小泉が「大統領的首相」ならば福田は「首相的官房長官」だったと言えるであろう。小泉は、ブレーンに「自分は政策をよく知らない」と語ったと伝えられており、政策の細部に関わらない姿勢を一貫してとり続けたのである。だが、「大統領的首相」としての小泉と「首相的官房長官」としての福田の間には、その選任の段階から、特別な結びつきがあったように思われる。

そもそも福田が森内閣で官房長官に就任したのは、中川秀直官房長官が捜査情報漏洩のスキャンダルで辞任したからであるが、前述のように、当時党にあって福田を推薦したのは小泉であった。小泉が首相に就任したときに福田が留任を承諾したのは、この経緯を受けてのことである。小泉内閣成立直後のインタビューで福田は、森・小泉・福田には「共同責任」があると述べている。(2) つまり、福田官房長官は、森内閣から小泉内閣への円滑な政権継承を担保する存在だったのである。

だが、次第に福田はその役割を変質させ、政策決定者としての存在感を強く打ち出していくことになる。その契機は、田中外相が外務官僚と正面衝突を起こしたため、外務官僚と協力しつつ対外政策を推進する役割を福田が引き受けたことであった。

田中外相の更迭と外務省の再建

歯に衣着せぬ政治家評で国民的人気の高かった田中眞紀子は、二〇〇一年の総裁選挙に際して小泉支持を打ち出して、その勝利に貢献したと自任していた。結果として彼女が手にしたのは外務大臣ポストであった。だが、当時の外務省は、要人外国訪問支援室長による公金詐欺事件（〇一年三月）を始めとするスキャンダルが噴出していたにもかかわらず、危機感に乏しい組織であった。省庁再編の中でもほとんど改革を加えられず、自民党の新進実力者であった鈴木宗男《むねお》の庇護《ひご》を受けたままでいたからである。小泉が総裁選挙で勝利する日に、河野洋平外相の私的諮問機関であった外務省機能改革会議は公金流用防止のための「提言」を提出している。このタイミングには、外務省の改革への消極的姿勢が露骨に表れている。

田中外相は、就任直後から外務官僚と衝突し続け、田中の下では外交が機能し得ない状況を招いた。一方では田中に組織管理能力が欠如していたためであるが、他方では外務省に自浄能力が欠如していたためでもあった。

このような状況下で、二〇〇一年九月十一日に同時多発テロ事件が勃発すると、官邸なかんずく福田と外務官僚が外交政策を検討せざるを得なくなっていく。その結果、小泉と福田の指示の下、テロ対策特別措置法の立案を外務省ではなく官邸が手がけ、G8へは田中の出席を認めず、アフガニスタン復興支援国際会議でも議長に田中ではなく緒方貞子アフガニスタン支援首相特別代表を充てるという措置がとられたのである。

二〇〇二年一月、アフガニスタン復興支援国際会議におけるNGO出席問題を契機に、ついに田中は、野上義二《のがみよしじ》外務事務次官とともに更迭された。そして後任の川口順子《よりこ》外相の下で鈴木宗男の影響力の一掃が図られた。川口は官邸の指示を受けながら、私的諮問機関「外務省改革に関する『変える会』」を設置し、外務省再建に着手した。省庁再編から一周遅れのこの改革と並行しつつ、官邸では、二〇〇二年九月の小泉訪朝、〇三年のイラク戦争に伴うイラク復興支援特別措置法の制定といった対外政策が実行されていった。

川口は退任直前の二〇〇四年七月に、領事局新設、条約局の国際法局への改編などの組織改革を終え、首相補佐官へ転任した。官邸主導の外交は、二年を超える外務省の再建過程と並行したからこそ、その機能を十二分に発揮したと言えるであろう。

特命担当大臣、石原と竹中

こうして見ると、小泉内閣が一体となって本格的に始動したのは二〇〇二年以降、福田が「首相的官房長官」としての役割を担うようになってからである。〇二年は、補欠選挙を除けば国政選挙の行われない年であり、小泉自身、当初から本格的な構造改革に着手することを予定していた。加えて、景気は〇一年中悪化し続け、〇二年一月から三月にかけて底を打った。そのため〇二年には、デフレ対策、景気刺激策、失業対策などをめぐって激しい論戦が続けられた。構造改革は抜き差しならない経済状況の中で遂行されたのである。

田中外相の退場後、代わって国民の注目を集めたのは、石原行政改革担当相と、竹中経済財政担当相であった。ともに、閣内でのポストは新設された特命担当大臣である。これは、特定の省を所掌するのではなく、内閣府に設置された部局や本部の補佐を受けつつ、特別に与えられた事務内容を所掌する内閣府の大臣であり、所掌事務に関し、各省に対して調整を働きかけることができる権限を与えられていた。制度趣旨から見ると、強力な調整権限を持つ大臣であった。

表面的には、石原と竹中には共通点が多かった。石原は小泉から「サンドバッグになれ」と言われ、「抵抗勢力」の矢面に立った。竹中も「たたかれても、たたかれても、構造改革」を標語に掲げ、内閣改造のたびに与党から更迭要求を突きつけられた。また、ともに諮問機関で有識者を活用した。石原の周囲では、猪瀬直樹をはじめとする道路関係四公団民営化推進委員会の委員が、資料作成やマスコミでの意見の開陳を通じて問題関心を呼ぶよう努めていた。竹中の周囲には、経済財政諮問会議の民間委員と大学出身の官僚集団がいたのである。

だが、その後、竹中は二〇〇四年七月の参議院選挙で当選し、経済財政担当相と郵政民営化担当相を兼任したことにより存在感を飛躍的に強めたのに対して、石原は国土交通相として〇四年九月まで留任していたにもかかわらず、在任末期には影の薄い大臣であった。この違いはどこから生じたのであろうか。

道路公団民営化における小泉

道路公団改革を素材に、石原の大臣としての行動を検討してみよう。小泉が政権に就いたときには、前行政改革担当相であった橋本によって、行政改革の方向性と行政改革推進事務局の体制は定められていた。橋本の関心は公務員制度改革にあり、特殊法人改革については、二〇〇一年四月三日に発表された「特殊法人等の事業見直しの論点整理」によって、事業ごとの見直しにとどめる方針がとられていたのである。だが、小泉は優先順位を逆転させて、特殊法人改革を構造改革の柱に据えた。

まず、二〇〇一年五月に石原の私的諮問機関として、行革断行評議会が設置された。小泉の意向で、特殊法人改革を提言していた猪瀬直樹が委員に加わった。猪瀬は八月に小泉と会見し、道路公団民営化を提案して、その同意を得た。道路公団民営化を特殊法人改革の眼目にするという首相の決断が報道されるに及んで、公団民営化問題が本格的に論議され始めた。

驚愕した国交省は三公団の特殊会社化を図る案を提示し、古賀誠自民党道路調査会長を中心とする道路族は九千三百四十二キロの整備計画実現を掲げて強く抵抗した。だが、この時期に、道路事業の主たる財源である道路特定財源の一般財源化が首相側より指示されており、これに民主党が同調して、自民党道路族・国交省は揺さぶりをかけられていた。そして、十一月には国費投入ゼロと五十年以内の公団債務の返済を条件に高速道路建設を検討せよという指示が、小泉から扇千景《ちかげ》国交相に発せられた。

十二月に閣議決定された「特殊法人等整理合理化計画」の中では、「第三者機関」において道路関係四公団の新組織形態を検討することが規定され、これをもとに道路関係四公団民営化推進委員会設置法案が国会に提出された。猪瀬の就任はないものと予想されたが、与党との調整の結果、委員を国会承認事項としなかったことで、一転して小泉首相の裁断で猪瀬を含めた七名の委員（今井敬《たかし》、猪瀬直樹、松田昌士《まさたけ》、田中一昭、中村英夫、川本裕子、大宅映子）が選任され、二〇〇二年六月から道路公団民営化をめぐって議論が戦わされたのである。

委員と事務局の対立

ホームページに掲載されている委員会の議事録を見れば、議論は委員と事務局の間で戦わされたようにさえ見える。委員が要求した資料が不完全な形でしか提出されず、事務局の官僚が委員に糾弾される。また、委員間の議論に事務局の官僚が割って入り、委員と渡り合う姿が毎回のように見られた。果ては、事務局からの発言が続き、委員から発言を封じられる場面さえあった。

委員対事務局という対立構図は、最終意見書をめぐる対立にも反映された。ここでは、今井敬委員長が事務局に作成させた案と、松田昌士委員の作成した案とが競合した。前者は本来ならば「今井委員長案」であろうが、事務局作成資料の中では「事務局案」と命名され、「松田委員案」と比較対照されているのである。

こうして意見書提出にあたり、事務局と結んだ今井委員長と、松田・田中一昭委員長代理を中心とする五名の委員とが決定的に対立し、委員長解任動議が出されて今井が辞職することで、事態はさらに混迷した。委員長不在の中で多数決の末に決定された意見書の拘束力は弱まり、以後は国交省のペースで法案の作成が進められていったのである。

抵抗勢力を際立たせる石原

この間に道路公団側では、藤井治芳総裁が公団内改革派の一掃を図ったことをリークされ、総裁の更迭が政治問題と化した。二〇〇三年九月の内閣改造で石原が国交相に就任したことで内閣の改革貫徹の方針が明確となり、石原との会見を経て藤井は更迭された。翌〇四年三月に国交省の作成した民営化法案が国会に提出され、可決・成立するが、石原の役割は藤井の更迭で事実上終了していたと言える。

民営化推進委員会の最終局面で決裂した猪瀬と田中はそれぞれ回顧録を公刊しているが、(3)ともに小泉首相からの信任を強調し、石原行革担当相の独自の判断に従った形跡はない。石原は民営化推進委員会が最終報告をまとめる局面で、何度か委員を私的に集めて合意を形成しようとしたが、無力であったと、道路公団から事務局に出向していた職員からも観察されている。(4)小泉に「サンドバッグになれ」といわれた石原は、「サンドバッグ」であり続けることによって、抵抗勢力を際だたせることに政治的役割があったと考えるべきであろう。

二〇〇三年九月の改造で行政改革担当相は金子一義《かずよし》に交代したが、すでに規制改革・産業再生機構担当がその主たる業務となっていた。道路公団改革とともに、行政改革は個別の改革問題へと分解されたのである。

二つの臨時行政調査会（第一臨調・第二臨調）に典型的なように、一九八〇年代以前に見られた、行政全般を総点検する「行政改革」が内閣の施策に打ち出されることはなくなった。次々と到来する個別の改革課題を処理することが、日常的な風景となったのである。

二　司令塔としての経済財政諮問会議

各省を巻き込む改革に

同じように「サンドバッグ」にされたかに見える竹中であるが、メディアに現れるその姿は、石原とは異なり、フレーズの繰り返しを特徴としている。「たたかれても、たたかれても」という表現も一例だが、より典型的なのは、経済財政白書の副題である。これは、竹中在任中は一貫して五年にわたって「改革なくして成長なし」となっており、経済政策への取り組みの継続性を強く印象づけた。「学者出身」のソフトなイメージに加えて、ほかの二世政治家の閣僚には総じて乏しい粘り強いリーダーシップが、竹中を看板閣僚に押し上げた最大の原動力であろう。

竹中は就任直後から諮問会議を活用し、二〇〇一年六月に「骨太の方針」を決定し、これを予算編成方針に反映させる姿勢を明らかにした。以後、自民党政権下では毎年度「骨太の方針」（正式には「経済財政運営の基本方針」）が策定された。さらに竹中はその具体化として、民間議員のイニシアティブの下に、改革プログラムのスケジュールを設定する「改革工程表」を作成し、公表した。

この工程表は、不良債権処理、雇用対策、中小企業対策、証券市場改革、税制改革、財政構造改革といった経済財政政策のみならず、ＩＴ化の推進、教育政策、地方制度改革、循環型経済社会の実現、規制改革など、経済政策に留まらない改革を網羅し、これらを諮問会議の議題に含め、ほとんどすべての省を巻き込むことに成功したのである。

従来の政策構想は包括的

振り返れば、自民党政権はその結党直後から広範な政策構想を掲げ、これを実現しようとしていた。たとえば岸信介は安保改定を目的としたが、「三悪追放」（汚職・貧乏・暴力の追放）という内政課題を掲げ、国民年金制度の創設や治安対策などを政権の政策大綱とした。池田勇人は、国民所得倍増計画による成長路線をとりつつ、農業・中小企業の保護、後進地域の開発を推進した。田中角栄内閣の日本列島改造、大平正芳内閣の「文化の時代」と田園都市構想、中曾根内閣の国鉄・電電公社民営化などの新自由主義路線は、いずれも広範な内政課題に取り組むものであった。

もちろん、これには官僚の補佐が欠かせない。自民党政権の重要な施策のアイディアは、首相周辺の発案ではあっても細部は官僚に委任された。より重要度の低い政策は、ほぼ官僚のイニシアティブで作成され、実行された。派閥領袖で首相の座を狙う政治家は得意分野を作り、首相就任前にアイディアを仕込む。他方、官僚は常に時代を先取りした政策形成の準備を続ける。それが自民党政権特有の「政党優位」の政策決定であり、かつ「官僚主導」の政策形成の内実であった。

一九九三年に一度下野した自民党は、政権に復帰すると、改めて広範な改革構想を掲げた。橋本龍太郎は野党時代に政権構想を発表し、総裁就任の準備を続けていたのである。

村山富市首相の退陣後、一九九六年一月に内閣を組織した橋本は、同年十月の総選挙で勝利し、自民党単独で内閣を発足させると「六大改革」という包括的な改革プランを掲げた。省庁再編を中心とする行政改革、財政構造改革、経済構造改革、金融システム改革、社会保障改革、教育改革という包括的な改革構想である。それは、伝統的な自民党政権の省庁横断的な内政課題の処理という特徴を引き継ぎ、かつ政治改革後の改革の潮流に即応するものであった。橋本は改革の一層の深化によって、長期政権の復活をもくろんでいたのである。

ところが橋本内閣は、一九九七年のアジア通貨危機を契機に深刻化した景気後退への対応を誤った。財政再建路線に固執した橋本は、九八年の参院選で惨敗を喫して退陣したのである。

確かに橋本内閣は、体系的な政策を打ち出したにもかかわらず景気後退につまずいただけにも見える。だが、ここで示されたのは、包括的な政策構想に固執すると、世界経済のグローバル化による危機の加速度的波及には機動的に対応しきれないということなのである。

続く小渕内閣のスタイルは、景気対策を主軸とし、ほかの政策は問題が生ずる度に諮問機関に「丸投げ」するというものであった。経済への機動的な対応こそが首相の関心であった。だが、参議院で少数与党の内閣には国会対策という困難な壁が立ちふさがった。自由党との連立交渉で消耗した小渕は病に倒れたのである。

小改革の「つぎはぎ」

これらを観察していた小泉首相は、伝統的な自民党政権とは異なる方法でグローバル経済に対応しようとした。小泉独自の政策構想は、ほぼ郵便事業の民営化に限られていた。だがこれには、新自由主義的な経済政策という外皮を幾重にも被せることが可能であった。竹中経済財政担当相など周囲の政策アドバイザーたちは、この郵政民営化に様々な構想を付け加えていく。これが「構造改革」と言われた政策である。

このように、「構造改革」は、従来の自民党政権の施策のように、当初から包括的な政策として打ち出されたわけではなかった。道路公団の民営化、三位一体改革、産業再生機構の設立、構造改革特区の認定などの構想は、政治的スケジュールと作業工程をにらみながら、タイミングをみはからって打ち出された。こうした多数の政策を後からつなぎあわせると「構造改革」という絵になる、というのがその特徴である。最初から包括的であった「六大改革」とは、内容的に近似してはいても、構成は全く異なるのである。

経済安定本部の後身としての諮問会議

さらに、構造改革を推進した制度に着目してみたい。それはやはり、二〇〇一年の新しい省庁の体制の中で発足した経済財政諮問会議である。これは内閣府設置法に規定されており、経済財政政策を審議する機関として、首相を議長とし、十名以内の議員のうち、民間議員が四割以上であることが規定された会議体であった。のちの運用が示すように、委員十名のうち、関係大臣が五名、日銀総裁、学識経験者・財界人四名という構成がほぼ予定されていたと言えるであろう。

小泉内閣では、竹中経済財政担当相が抜擢されたことで、首相の指示を受けた竹中大臣のもと、これが官邸主導による構造改革の司令塔となったのである。その歴史的経緯をまず再考してみたい。

一九九四年八月、NHKで「シリーズ官僚」という番組が三回にわたって放映された。そのコメンテーターに当時慶應義塾大学助教授であった竹中平蔵が登場している。竹中がのちに経済財政担当相となったことを考え合わせた場合興味深いのは、シリーズ最終回、一九四七年に成立した社会党の片山哲《てつ》内閣における大蔵省改革の検証である。

番組が放映された年は、社会党の村山を首班とする自社さ連立内閣が成立した年であり、細川内閣の国民福祉税構想などを背後から操っていたと見られていた大蔵省には、自民党とメディアが厳しい目を向けていた時期であった。番組は、一九四七年当時、経済復興の司令塔と期待された経済安定本部にスポットを当て、ここに集結した農林省出身の和田博雄長官や、アメリカ帰りの経済学者で総合調整委員会副委員長に就任していた都留《つる》重人《しげと》らが、石炭産業に重点的に原料を配分して生産復興を図る「傾斜生産方式」など総合的な経済政策を打ち出し、大蔵省の予算編成に介入しようとした過程を追跡していく。

そこでは、和田や都留が普通の肖像写真で紹介されるのに、福田赳夫主計局長や渡辺武渉外部長ら大蔵官僚はＧＨＱ幹部と酒席で懇談する写真とともに紹介され、いかにも大蔵官僚は接待という「寝技」（都留重人談）を常用していたと言わんばかりの番組構成であった。

結果として経済安定本部は「財政秩序」を守ろうとする大蔵省に敗れ、これを機に、予算編成で行き詰まった片山内閣は崩壊へと向かう。この過程を評して竹中は次のように述べた。

「官僚システムに注目する限り、日本の戦後は終わっていない」「多様化する世界の中で複雑な判断が必要」である現在、「多元的な政策論争、さまざまな立場の人が政策を出し合っていくスタイル、それにもとづいてダイナミックな意思決定をする必要がある」。

確かに当時の竹中はしばしば、政策論争に関わる専門家としての「ポリシー・インテレクチュアル」の養成が必要であると述べており、一連のコメントはその繰り返しであろう。また、そもそもこうした主張は、独創的とは言いがたい。

だが、今日振り返ると、経済財政担当相としての竹中の実績とこの発言は、奇妙にシンクロナイズしているようにも思える。というのも、竹中の下で総合的な経済政策の司令塔となった経済財政諮問会議と経済安定本部は、危機的な経済状況に対して、民間人と省庁横断的な官僚集団とを糾合《きゆうごう》した点で似ていなくもないからである。つまり、竹中が経済安定本部に見たものは、竹中が議事進行をつとめる諮問会議の中に再現されたと考えられるのである。

竹中が参加していた研究会

経済安定本部のような内閣レベルの総合的な調査企画機関は、そこに出向した官僚たちに対し、省の視野に特化しない、今で言うところの「オールジャパン」の政策志向を生み出していった。

大蔵省では、こうした官僚グループが、官房調査部（のちの官房調査企画課、現在の官房総合政策課）に集結し、国民所得倍増計画の立案に非公式に貢献したり、財政制度審議会を活性化させたりし、一九六〇年代半ばに公債発行をスムーズに実現するなどの施策を講じていったのである。[5]

このように、内閣に出向した官僚が本省に戻ってから総合的な政策構想を練り上げていくというパターンは、一九七〇―八〇年代に再現された。実は、この過程に竹中自身が立ち会っているのである。

一九七九年、大平内閣は、二十一世紀に向けた長期的な政策を構想するため「政策研究会」を組織し、各省の若手クラス総勢八十九名と、のべ百三十名に及ぶ学者・文化人との相互交流を図った。研究会は、大平の死に直面して八〇年に九つの報告書を作成して解散する。

だが、このとき大蔵省から内閣官房に出向していた長富祐一郎は、大蔵省に戻り、官房調査企画課長に就任した後、政策研究会のメンバーを再結集して「経済の構造変化と政策の研究会」を、次いで「ソフトノミックス・フォローアップ研究会」を組織した。その様子は以下の通りである。(6)

「ソフト化」の基本概念は、故大平首相が二〇〇余人の学者や文化人を組織した政策研究会（大平研究会）での議論から始まるとされている。その後、昭和五十九年から六十年にかけて、大蔵省財政金融研究所を中心に「ソフトノミックス・フォローアップ研究会」が組織され、三九の個別テーマについて各論的研究が行なわれた。この研究に参加したのは、九五機関延べ四六〇人の研究者たちであり、先の大平研究会の二倍を上回る規模で、本格的な分析、研究が行われたのである。われわれは、いずれもこのフォローアップ研究に参加したメンバーである。

この文献の著者の中に竹中の名前が見える。このとき竹中は、日本開発銀行からの出向者として、長富の下で大蔵省の調査業務に従事していた。大平内閣の「政策研究会」が、政策マンとしての竹中の出発点となっているのである。

こうした経緯は、後年の竹中に、はっきりとした刻印を残している。たとえば、竹中が経済の「ソフト」面に敏感であることもここから説明できるだろう。実際、竹中は森内閣でＩＴ戦略会議の構成員となり、小泉内閣でも、メールマガジンなどＩＴを具体的に活用するよう提言したと言われている。

また、二〇〇五年五月に諮問会議で決定された『日本21世紀ビジョン』は、大平内閣の政策研究会の発想ときわめてよく似ている。日々の懸案から離れた長期的展望に必要なのは、文明論的視点であり、『ビジョン』にはそのような発想が濃厚とは言えないまでも散見される。一九七九年に二十一世紀の日本を構想した大平の研究会は、まさに二十一世紀に入って、経済政策を出発点に新世紀の日本社会のビジョンを描く、という諮問会議の試みの中に再登場したのである。

大平・中曾根が構造改革の起源

諮問会議での審議の原点を大平内閣に求めるならば、構造改革の原点も、やはりこの時期にまでさかのぼることができる。すなわち、構造改革の諸政策の中で、首相自らが熱烈な旗振り役となった道路公団と郵政公社の民営化は、決して小泉首相の政治的な勘の産物などではない。ともに、中曾根内閣の運輸省—国鉄、郵政省—電電公社の再編・民営化を発端とする政策の延長上にある。道路公団民営化は、国鉄民営化をモデルに道路建設の抑制を目指したものである。また郵政民営化は、電電公社民営化を受けた郵政省の所掌事務整理の最終局面である。これは同時に、ＮＴＴ再編問題を長期的課題とするＩＴ戦略とも大きく関わる。小泉内閣の構造改革は、まさに、中曾根内閣の臨調など審議会を活用した政策革新を起源としているのである。

そしてこれまで触れてきたように、小泉の「大統領的首相」は、中曾根が持論とし、また自ら実行したリーダーシップのスタイルであった。「大統領的首相」たる中曾根を支えたのが後藤田正晴官房長官であり、小泉を支えたのが福田康夫官房長官であった。

また、諮問機関としても、「再建屋」といわれた経営者・土光《どこう》敏夫を会長とする第二臨調が、鈴木内閣の中曾根行管庁長官に財政再建の諸施策を提言したのと同様に、諮問会議も経済再建を課題とした。ちょうど土光に対応するのが、奥田碩《ひろし》、牛尾治朗《じろう》などの財界人を中心とする発足当初の諮問会議の民間議員ということになる。

以上のように考えると、諮問会議は、経済安定本部―政策研究会―第二臨調といった戦後の経済政策史の系譜上にあると言うべきであろう。しかしながら、以前と決定的に異なるのは、公的機関から大蔵省に出向した政策専門家が、政治改革後の一九九〇年代型改革の中で審議会委員として実績を蓄積し、首相の信任を得た大臣として政策を主導したことである。経済安定本部長官は官僚出身の和田であったが、社会党内の派閥対立が大臣間の対立を引き起こし、片山首相には指導力も権限もなく、長官の影響力は相当程度限定された。政策研究会とその後身の第二臨調では、官僚や政策専門家が前面に登場することはなかった。これらと小泉首相・竹中経済財政担当相による政策革新とを分かつのは、やはり一九九〇年代型改革であった。

額賀大臣から竹中大臣への交代

まず、一九九八年の行政改革会議最終報告の提出から二〇〇一年の新省庁発足までの過程を見ると、諮問会議をこれほどまで重要な会議体と位置づけた形跡はない。諮問会議の前身は、経済企画庁が事実上の事務局となっていた経済審議会であると考えられる。そうであれば経済審議会と同様、さほど影響力を持つ機関にはなりにくいと考えるのが自然である。むしろ、財務省や経済産業省をはじめとする経済省庁に実質的な権限があると考えることになる。

二〇〇一年一月の設置段階でも、森内閣はさほどこれを重視しなかった。初回の会議を要約して、額賀《ぬかが》福志郎担当相は次のように、いささか冗長にまとめている(7)。

今のご議論を踏まえまして、それから、先ほどの総理のご挨拶もありました、その中で、この諮問会議では、全体的な経済運営の方針について議論をするわけですけれども、当面こういう景気状況ですから、どういうふうに景気判断をしていくのか。それから、短期的には、当面、来年度の予算編成のことも睨《にら》んでいかなければならないものですから、景気状況に合わせてどういう予算を考えていくのか、歳出に伴う重点分野はどうなのか、そういうことも含めた予算編成の基本方針を作っていくこと。それから、経済状況に応じたマクロ政策。それから、宮澤大臣がおっしゃったような税とか、社会保障とか、財政再建とか総合的な中長期的な経済財政運営をどうしていくか。そういったことをこの中で議論をして、総理大臣に具体的に建言をしていく。そして、閣議決定をして各省庁に政策実現に向けて行ってもらうというのが基本的な流れだと思っておりますので、我々は、責任と使命を感じながらやらせていただきたいと思っております。

ここには、問題のありかを絞り込まず、迅速な意思決定を回避するかのような身振りさえ感じられる。小泉内閣に交代した後も、閣僚の交代はあっても、民間議員の交代はなかった。つまり、内閣として、人事を通じてこの会議を重視する方針を明確にしたわけではない。土光臨調のように鳴り物入りで設置されたわけではない会議に、内閣発足当初は誰も注目しなかった。

ところが、新任担当相の竹中が試みたのは、会議の手続きとスケジュールを自らのイニシアティブで新しく決定することであった。二〇〇一年五月、就任後初回の会議で竹中はこう述べた(8)。

経済財政諮問会議はこれまで七回開かれておりますが、財政にいかに切り込むかということが非常に重要な役割でありますので、そういった点から詰めた議論をされてきました。これは勿論、大変重要なことであります。同時に、それに付け加えて、小泉内閣の下で一つ大きく役割になると思うのは、まさに改革とは何かというメッセージの部分だと思います。今までの財政を中心とした非常に詳細な議論を踏まえながら、更にメッセージの部分を強化していくというのがあと一カ月に課された非常に大きな、これは突貫作業でやらなければいけないわけでございます。

先の額賀の発言と比較すれば、竹中の下での諮問会議が「メッセージ」性を重視し、「突貫作業」をも辞さないものであることが宣言されたのである。かくして竹中は、自ら作成したペーパーを公表し、小泉内閣の改革項目を列挙し、各議員に承認を迫った。一カ月後の六月二十一日に初の「骨太の方針」が決定されると、八月の会議では「有識者議員」すなわち民間議員が連名でペーパーを提出し、「方針」の迅速な実施を強く主張した。以後、竹中・有識者議員の主導で、「改革工程表」「改革先行プログラム」が相次いで作成され、諮問会議を舞台にした改革の加速化が図られていったのである。

諮問会議の権力の源泉

二〇〇一年は日本経済が急速に悪化した年であった。後から振り返ると年末から翌年初頭にかけて経済は底を打つことになるが、〇二年当時はさらなる経済の悪化が懸念されており、危機感を募らせた政府は早急に対応をとることを迫られていた。

その結果、諮問会議は新たに三つの任務を帯びることとなった。第一に、切れ目なく新規の課題をとりあげ、それをフォローアップし、一層の改革を加速させるために審議を続けることである。この結果、会議においては休みなく構造改革関係の案件が審議された。改革課題が相互に連関するとすれば、ほかに新しい会議体を設置するという選択肢はない。したがって諮問会議に多様な議題が集中するようになっていったのである。

第二に、予算編成手続きの改革である。これは、森内閣時代から有識者議員の意見としてその必要性が提示されていたが、竹中の下で議題の中核を占めるようになる。二〇〇二年六月に二度目の「骨太の方針」が決定されると、有識者議員はすぐに「予算の全体像」の作成を提言した。これはすなわち、例年財務省が作成する「概算要求にあたっての基本方針」をあらかじめ拘束する全体方針を、諮問会議が作成するということであった。

さらに、翌二〇〇三年六月に決定された「骨太の方針」では、「予算プロセス改革」が提案され、いくつかのモデル事業を選定して、費用効果分析を予算編成に導入することが決定された。年を経るごとに、より具体的な改革案が提示されていることに、諮問会議の一貫した改革方針を読みとることができるであろう。

第三は、財政と金融の一体的運営である。担当大臣であった竹中は、金融危機を迎えた二〇〇二年九月、金融担当相をも兼務した。その結果、竹中の下で金融政策と経済財政政策とが一体的に運営されることになった。かつて自民党一党優位政党制下で大蔵省が占めていた位置を、竹中が占めることとなったのである。ここに、諮問会議が単なる予算編成方針と経済ビジョンの作成機関であることを超えて、経済政策全般の司令塔となる契機があった。

改革の「加速」と責任の集中

かくして二〇〇二年には、規制改革なかんずく構造改革特区制度が諮問会議で議論され、さらには金融、デフレ対策も並行して審議された。これを受けて〇三年以降、年初の会議で有識者議員が一年間の議題リストを提案し、二回目の会議で竹中自身がこれを整理して示すという手続きが定着した。竹中と有識者議員が議題を強力にコントロールするという姿勢が明らかになったのである。

二〇〇三年度には、社会保障改革と三位一体の改革、〇四年度には郵政民営化・三位一体の改革・21世紀ビジョンの作成開始、〇五年度には、政策金融・教育というように、新規の課題はここで議論されていった。竹中が諮問会議の席で「普通は政治家と役人がつくった文章を民間人がコメントするんですけれども、これは民間側がつくった案を今、政治家がコメントされた」と述べたように、[9]最初に構想が示されるのは各省からではなく、諮問会議における有識者議員か竹中からとなった。政策課題は常に諮問会議から先手を打って提出され、党も各省もこれに追随していくという構図が成立していったのである。

したがって経済政策に関する限り、二〇〇一年以前のように、省庁官僚が与党政調会に根回しをして調整を経た政策課題が審議会答申として内閣・各省に提出され、それをもとに法案が国会に提出されて成立するという過程は崩れ去った。

この劇的な変化を可能にしたものは何だろうか。

第一に、責任主体が竹中という担当大臣にあることが明確になったことである。かつて政策の失敗は、第一次的にはスキャンダルにまみれた省庁官僚「主導」の決定手続きにあるとされ、次いでそれを統制できなかった内閣または総理大臣にあるとされた。しかしもはや経済政策の責任は、黒子となった省庁官僚にはなくなった。あるとすれば、総理を中心とする諮問会議の議員であり、それを主導する竹中にである。また、与党も竹中を攻撃することで政策責任を免れることができる。さらに小泉も、いざとなれば「丸投げ」したにすぎないとして失敗の責任を竹中一人に帰することができるよう、ある程度の距離をとりつつ適宜指示を出していたのである。

第二に、もろもろの経済政策文書が、あるいは「『改革なくして成長なし』との基本的考え方に立って……」、あるいは「『聖域なき構造改革』の考え方の下……」といったように、竹中とその周辺の発案とおぼしき言葉に彩られた「原則」を引用する形で構成された。そのためメディアや有権者は、諮問会議の託宣を受けて各省が政策を立案したかのような印象を抱くことになったのである。

大臣攻撃と「根回し」

しかしながら、これら二点は裏を返せば、表舞台で政策を主導する竹中の背後で、党と各省が独自性を発揮する余地がどこにあるかを示した。

まず、責任主体が大臣に集中する体制であるからこそ、与党は大臣攻撃を激しくすることにより、その存在感を印象づけることができた。構造改革の諸施策に対して与党が造反するまでには至らなかったのは、小選挙区制下の総裁への権限集中も一因ではあるが、この構図を守ることで、与党議員としての地位を保つことができたからでもある。

省庁官僚にとっても、諮問会議での議論をコントロールせずとも、その決定内容に省の利益を貫徹させる余地は十分残されていた。第一に、諮問会議の決定する方針が省の方針と変わらなければ特に主導権を発揮する必要はないし、また方針が大きく外れないようにするために事前に何らかの「根回し」を行うことは可能であった。

第二に、諮問会議の決定事項がどの程度実質的なものかについては案件に応じて異なった。あくまでもそれは「メッセージ」にとどまり、政策の実質については各省がコントロールするというようなケースが、実際には相当程度見られた。

第三に、各省が首相に直接働きかける余地も残されていた。特に財務省は、首相秘書官や官房副長官補を通じて、コミュニケーション・チャンネルを確保していた。「政治主導」の政策決定のモデル国とされるイギリスでも、首相の政策アドバイザーの回顧録によれば、意思決定の最後の瞬間に首相に直接会見し、ぎりぎりの段階で政策決定を方向づけられるのは大蔵省であるという。(10) 経済省庁にとり、首相へ接近するチャンスは常に残されているのである。

振り返れば、二〇〇一年以前は省庁官僚にとり、政治家と直接接触して合意をとる過程、すなわち「根回し」の過程こそが、主たる業務内容であったと言いうる。諮問会議の活性化は、こういった「根回し」に要するコストの大部分を、首相と大臣・民間議員とが直接議論を交わす場に集約したと考えるべきだろう。

竹中が変えた政策過程の風景

二〇〇一年四月に小泉内閣が誕生したとき、ひょうひょうとした語り口の塩川財務相、巧みな政治家評によって人気を博した田中外相、テレビ会見で能弁であった石原行革担当相などと比べて、竹中は決して目立つ存在ではなかった。地味な「学者大臣」として出発し、特に人目を引く発言や語り口があったわけではなかったからである。

確かに竹中は、当たり前の内容をごく平易な言葉で繰り返したにすぎない。だが、そうした発言は、小泉がそうであったように数秒のテレビ映像や日々の新聞報道ではなく、官庁文書の上でこそ精彩を発揮した。竹中と諮問会議によって新たにもたらされた改革過程の特徴を以下に三点ほど挙げてみよう。

一つ目は、硬い専門用語や法令用語が並ぶ文章の上に、「聖域なき構造改革」「改革断行予算」「改革の芽」「三位一体の改革」「改革なくして成長なし」「民間にできることは民間に」といった言葉を差し挟むと、どぎつくはない、ある種の「メッセージ」が発散された。

二つ目として、本来漢語を用いるはずの法令用語の中に、巧みに「ビジョン」「フォローアップ」「(予算)プロセス」といったカタカナをとり混ぜた。軽みのある表現からは、機動的な政策決定のイメージが立ち現れた。

三つ目は、ホームページの活用であった。その後政府ホームページのデザインは洗練されていき、議事録の公開はごく当然の手続きとなった。しかし当時の諮問会議では、二〇〇三年五月以降、「竹中大臣の諮問会議レポート」なる議事の要約文書がホームページ上に掲載され、政治家には敬

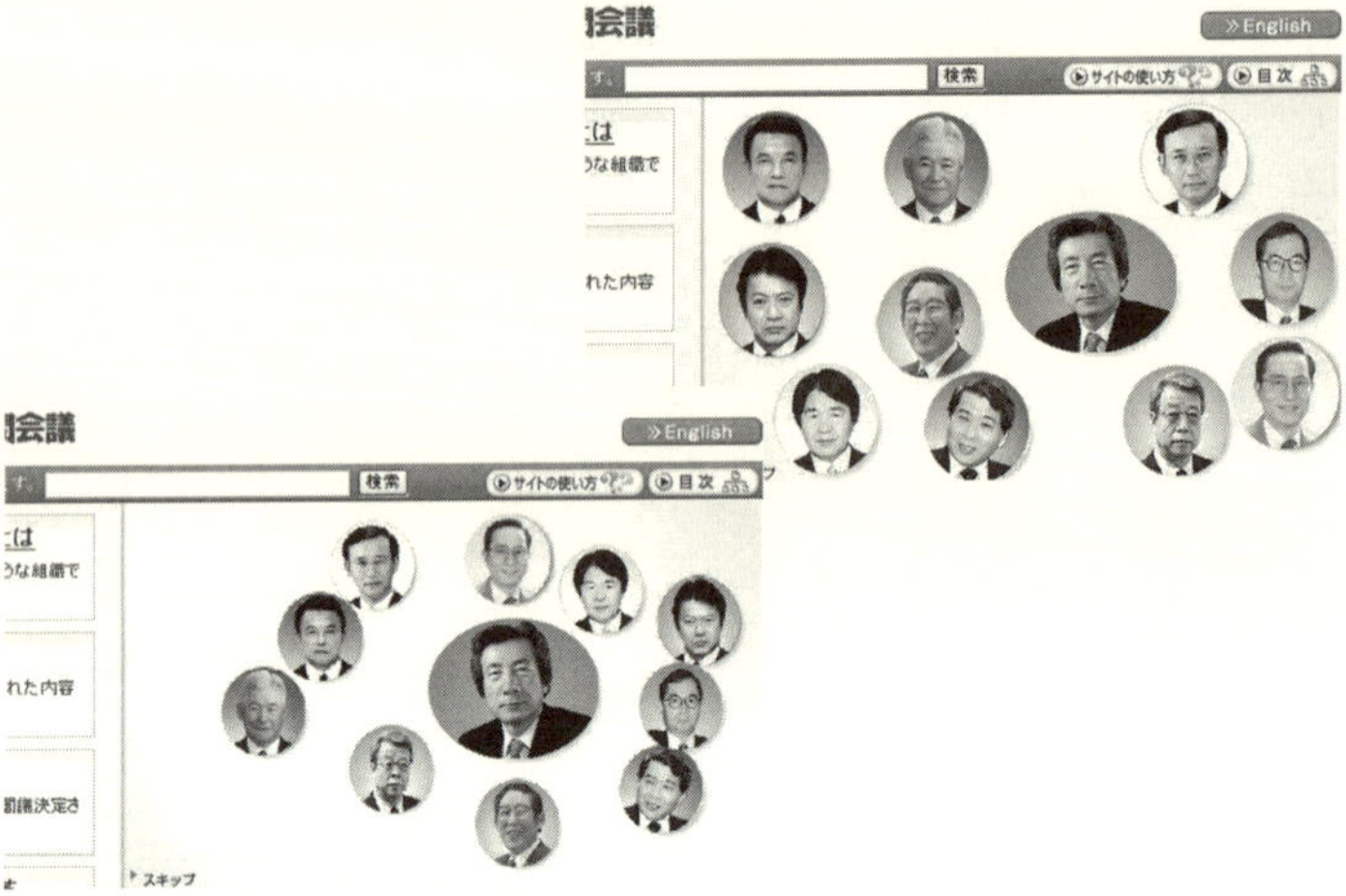

経済財政諮問会議のホームページ
http://www.keizai-shimon.go.jp/

語を用い、大学教授には「先生」の敬称を用いて、自身が政局から一歩距離を置いたアカデミシャンであることを印象づけた。大臣がここまで周到にホームページに見解を披瀝《ひれき》するという例は、当時竹中を除いては皆無であった。

　さらに当時の諮問会議のホームページは、政府機関のページとしては異例なことに、小泉首相を中心に大臣の肖像が動くという設定になっていた。二〇〇五年に竹中が経済財政担当相から総務相へ移る前の時期について、ホームページ上の議員の配置に注目してみたい。議員達は、一度、麻生太郎総務相、福井俊彦日銀総裁、谷垣禎一《さだかず》財務相を上段に、他の議員を中下段に並べたまま静止する。まるで、最後に主役が登場するかのように竹中の肖像が動きながら登場するが、目立たないように左隅へと進んで静止する。

と思うと、すぐに肖像は再び動き始める。次には、小泉を中央にして、上段中央に細田博之官房長官、その左に少し離れて谷垣財務相が配置される。そして、竹中のやや小さな肖像は、さりげなく細田の傍らに陣取ったではないか。小泉後の総裁をうかがう党実力者であった財務相、総務相を差し置いて、小さいながらも官房長官の横、いわばセンターのポジションを抜け目なくとるというこの微妙な席取りこそが、竹中ひいては諮問会議の影響力の特質をはからずも表しているのである。

三　首相・大臣を補佐する官僚制の変化

肥大化する内閣官房

小泉内閣を振り返ると、外交、行政改革、経済財政政策のどれもが、内閣官房・内閣府を主たる舞台にしている。福田官房長官の下には外交関係の補佐官が起用され、各省からの出向者を構成員とする有事法制室、イラク復興支援担当室が設置された。また、橋本が行政改革担当相であったときに設置された行政改革推進事務局は、特殊法人改革室の設置など組織を拡大しつつ、諮問機関の庶務を担当し、しばしば委員と衝突した。

同様に竹中の下では、経済企画庁の後身部局である政策統括官の部局が庶務を担当し、その内部

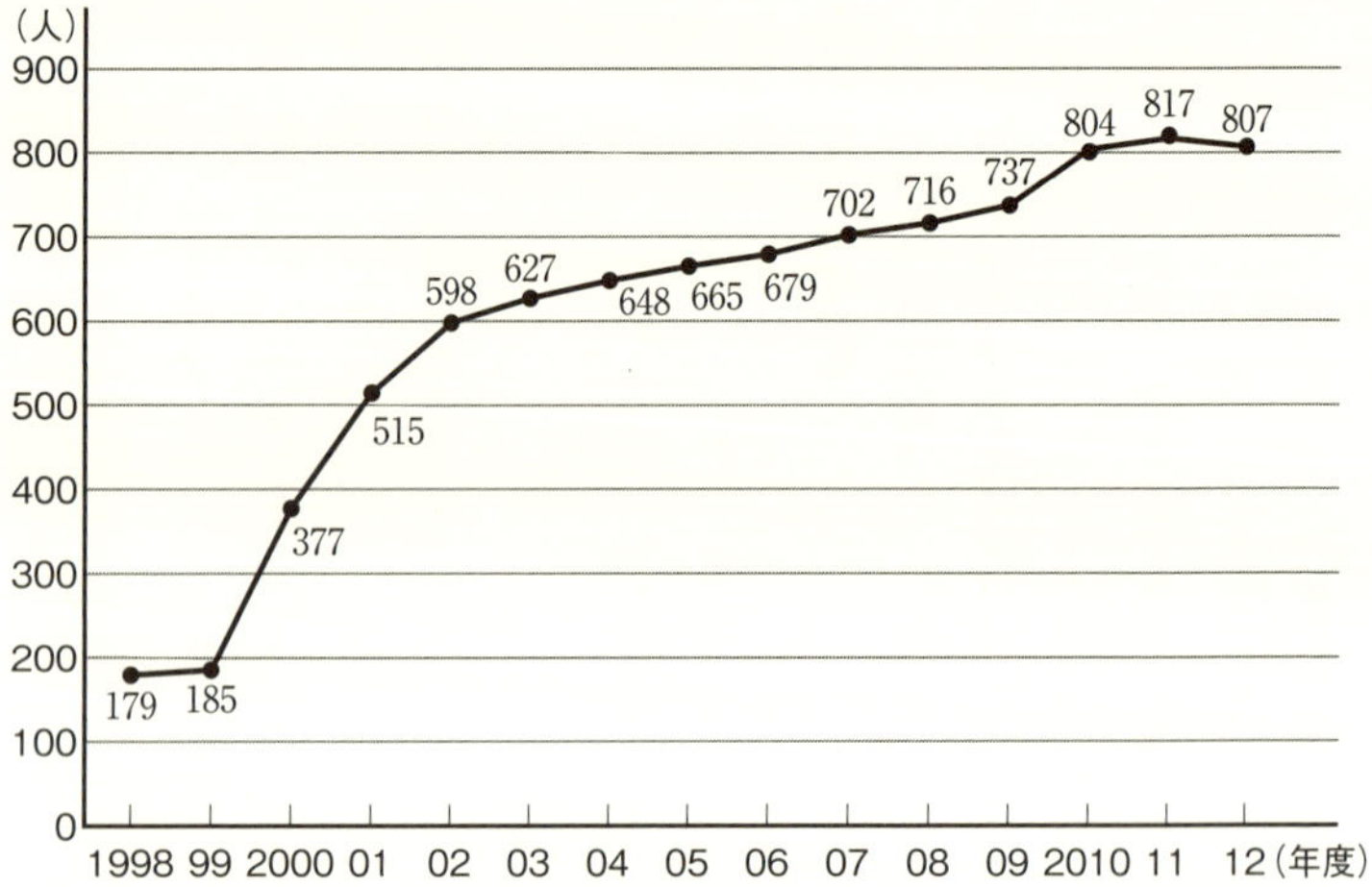

内閣官房の定員数の推移

注：定員は各年度末のもの(2012年度は4月1日時点)。
出典：総務庁行政管理局『行政機構図』、内閣府ホームページ

に事務局がさらに組織され、大学・シンクタンク出身の内閣参事官集団がここに参画した。これらは総理大臣の補佐機構の強化を目的の一つとした省庁再編の成果である。

二〇〇一年の省庁再編により内閣官房に企画権限が付与され、各省から上がってくる案件を受動的に調整するのではなく、官邸自らが原案を作成できるようになった。図は、内閣官房の定員数の推移である。制度改正以前の一九九九年度末には二百以下であった定員が、小泉内閣時代に急増し、六百を超えた。〇六年以降は大きな変化がなく、民主党政権時代に再び増員されている。自民党政権下では小泉内閣時代に限って、新しい政策の立案に際して定員を増やして対応したのである。

だが、同時にこれは組織としての肥大化

を意味している。小泉首相周辺でも二〇〇四年九月には事態を問題視するようになっており、小泉は首相の出席する会議数が増大したことをとりあげ、その整理を命じた。一年間会議が開催されないなど役目を終えたものもあり、多数の会議によって閣僚の日程が縛られ、「合理化しないと官邸機能の強化というより分散的な面が出てくる」ようになったからである。

この「分散的な面」は官僚レベルにおいても生じた。内閣官房・内閣府に勤務する官僚数の増大によって、省との職務の重複が問題視されるとともに、内閣官房内部の官僚同士を調整しないと政策決定がなされないという事態が生じ始めたとも当時は伝えられていた。

第一次安倍内閣、福田内閣、麻生内閣という後継内閣はいずれも、自民党政権として前政権を継承する必要性から、このように肥大化した内閣官房をそのまま抱え、前内閣からの継続課題と新規の課題とを同時に処理するという態勢をとらざるをえなかった。内閣官房という司令塔が巨大化したとき、その整理という問題が積み残ったのである。

政権の長期化が変えた官僚人事

しかしながら、内閣機能の強化は長期的な視点からとらえなければならない。村山内閣から小泉内閣まで在任した古川貞二郎《ていじろう》官房副長官は、内閣機能の強化のねらいを次のように述べた(11)。

これからは内閣官房で働いた経験を持つ者が出身省庁の枠にとらわれず優先されることになる

だろう。そうした人材を育てていくシステムをつくることが大事であり、それによって、今後縦割りの弊害は改善できるものと考える。また、若いときに内閣官房にきてオールジャパンの考え方ができるようになった人材がそれぞれの省庁に帰って活躍する事で、長期的には縦割りの弊害は弱まっていくと思う。

キャリア・パスが崩れる中で、本来の所属省庁とは異なるポストで勤務を重ねる官僚が増え、省益に固執する従来の官僚とは異質の官僚が大量に輩出していったことはほぼ疑いがない。かつて筆者は、原局原課の業務へ専心し、省外に出向せずに省内各局でキャリアを蓄積する官僚を「原局型官僚」と呼ぶ一方、内閣に出向し、省内では大臣官房で内閣との調整業務を果たす官僚を「官房型官僚」と名づけ、後者が戦中戦後という限定された時期に登場し、戦争の遂行と敗戦後の復興期に政治的役割を果たしたことを指摘した。(12) 二十一世紀の現在、グローバル化と情報化の激動期に、再び「官房型官僚」が主流となる時代が到来したのである。

小泉内閣時代を見渡すと、政権の長期化が人事に異変をもたらしていったことがわかる。すなわち、ルーティンの人事が行われず、政策経験をより生かす形で任用されるケースが増え始めているのである。

一つには長期の留任が見られるようになったことである。二〇〇三年九月で退任した古川官房副長官は最長在任記録を打ち立てた。財務省・外務省・経産省・警察庁から出向している首相秘書官は、首相の要請で留任したため在職期間は三年半を超え、中曾根内閣時代の首相秘書官の最長在任記録を上回った。各省の次官・局長でも従来の人事慣行からは交代期にさしかかっているにもかかわらず、大臣の意向で留任したケースが現れた。

二つには、省を越えた転任である。外務省改革を進めた川口外相は、経済協力局長に経済産業省商務流通審議官の古田肇《はじめ》を転任させた。

そして三つには、省内を中心とするキャリア・パスが崩れはじめたことである。これにより、従来の省庁組織では考えられなかった、年次の逆転するケースが生じ始めたのである。

交流人事が生んだ新たな官僚像

これらは当初一時的な人事と見られていたが、注意を要するのは、小泉が打ち出した人事方針である。二〇〇四年二月の閣僚懇談会の席で、小泉は「今後三年間」で中央省庁の課長級を中心とする幹部職員の総数の一割を対象として、他府省庁との間で人事交流を実施するよう全閣僚に指示した。「府省にまたがる内閣の重要課題を担うポストは局長・審議官級も含めて行う」とされ、具体例として幼稚園と保育所の一元化に関係する文部科学、厚生労働両省での交流をとりあげたという。

事実、同年六月二十五日の官房長官記者会見で、情報通信分野で総務省と経済産業省、食の安全で厚生労働省と農水省など、四十近い人事交流が行われることが正式に表明された。その後を見ても、人事交流が二〇〇一年以前と比べて広まっていったことは間違いない。

人事交流は省庁間だけではない。現在政府職員は、民間人と職業公務員との混成集団となっている。特に外交と経済における変化が著しい。外交分野では、官邸に補佐官が任命動員されるとともに、対外関係タスクフォースなどを通じて国際問題専門家や官僚ＯＢが対外政策の策定に参加した。大使への民間人の登用促進も、形骸的との批判もあったが、この文脈上に置かなければならないであろう。

また、経済政策は、民間との交流がもっとも進んだ領域である。竹中の下、内閣府政策統括官の部局には、政策研究大学院大学教授から内閣参事官に引き抜かれた大田弘子をはじめ、大学から政府に入っていった学者集団がいた。大田は第一次安倍内閣で経済財政担当相に就任した。幹部職が大学と政府とを往復する状況が続くと、若い官僚層も大学との人事交流をより強く望むようになるであろう。諮問会議主導の政策決定を一度体験すれば、官僚集団は省庁間調整と並んで経済分析技術の強化を重視するだろうからである。

こうした政権の状況にあわせた人事が継続する中で、こと交流人事の形態に着目するならば、現在の日本の官僚制は、法務に習熟し、調整技術を身につけた職業公務員を分厚い中核とする――内務省系を典型とする――官僚集団と、大学・シンクタンクと政府の間を往復する経済テクノクラートないしは国際問題専門家とに、次第に分かれつつあると言える。なお財務省は、職業公務員を中心とするが、経済政策をも所管する点で、両者の中間に位置する。第四章と第五章で、こうした官僚制が政権交代とどう向き合ったのかを、さらに歴史的観点から検討したい。

「官邸主導」実現の条件とは

以上のように、構造改革を進めた経済財政諮問会議を検討すると、官邸主導が実現した条件は以下の五点にまとめられるであろう。

第一に、諮問機関が首相の関心圏内にあることで、その求心力が規定されたことである。内閣府だけでも、諮問会議以外に中央防災会議、総合科学技術会議は首相の出席を義務づけているが、他の会議体と比べてこれらが格段に重要であることを裏づける合理的根拠があるかどうかは、必ずしも明白ではない。これらの規定および運用は内閣の方針次第で再検討される可能性もある。しかし、首相の関心の範囲内にあり、その出席が続く限り、諮問会議は求心力を保ち続けるであろう。

第二に、諮問会議は、予算編成との関わりで手続きを制度化させてきた。この手続きの変更をめぐって、財務省との潜在的な競争関係が生じた。民主党政権のように会議そのものを廃止する場合には、財務省と対抗しうる機関を失うため、官邸が財務省の影響力から距離を置くことがきわめて困難となる。その結果が財務省に依存した官邸であり、官邸主導とはほど遠い政策過程が出現することになる。

第三に、大臣と諮問会議の事務局である政策統括官下の部局の処理能力が高くなければ、小泉内閣時代のように多種多様な案件を集中的に処理することは困難である。事務局に民間人を動員するなど、小泉内閣の諮問会議はこの集中処理を担いうるかどうかを様々な形で試していたと言うべきである。

第四に、小泉内閣下では施策とともに政策責任も諮問会議なかんずく竹中大臣が集中的に担った。この点からすれば、この責任集中体制に伴うリスクを負うだけのステーツマンシップ（政治家としての態度・心構え）が経済財政担当相にあるかどうか、またそれに必要な政策能力を備えているかどうかが問われる。竹中並みの意欲と手腕を持つ人物でない限り、諮問機関を運営しながら官邸主導を実現させるのは困難なのである。

第五に、民間議員が提出したペーパーが議事を方向づけた諮問会議では、民間議員の人選もまたきわめて重要な意味を持つ。内閣が独自色を出すために、民間議員の人選にメリハリをつけることも重要である。諮問会議が国民の代表という性格を持つとすれば、財界人のみに委員を委嘱するのではなく、一九八〇年代以前の審議会のように、労働組合の代表も必要であろう。長らく女性の民間議員が不在の現状は、著しくジェンダー・バランスを失してもいる。また、環境重視の経済政策をキャッチフレーズにすることも有効かもしれない。かくのごとく、諮問会議は委員構成を根本的に見直すことで、政策過程の核になる可能性をまだ秘めているのである。

裁定者としての小泉首相

他方、諮問会議を官邸から見るならば、「丸投げ」と「総理の指示」との間で揺れ動くように見える。事実、小泉首相のリーダーシップへの最大の批判は、「丸投げ」であった。たとえば、「『改

革』への態度も、『抵抗勢力』が抵抗すると、自らはできるだけ介入を避ける傾向にあ」るといった評価である。(13)

だが、二〇〇二年十月の総合デフレ対策策定過程を業界誌は次のように報じている。「関係者は『小泉首相はずるい』と切り捨てる。『任せるといったきり、与党との調整まで竹中大臣にゆだね、その一方で、ほぼ連日、電話で状況報告を求める』やり方を崩さなかったからだ。それでも最後は、小泉首相の『竹中案でいく』との発言が支援材料になり、金融再生プログラムには、柳沢前金融担当相のもとでは考えられなかったさまざまな施策が盛り込まれた」。(14)

丁寧に読み返すならば、この「関係者」は、小泉が竹中を放置したのではなく、状況を見守りつつ「竹中案支持」をタイミングよく表明したとも言っているのである。情報収集を怠らず、調整過程に深く介入せずに方向づけを明確に表明するリーダーシップこそが、小泉の特徴と言いうる。首相は自ら調整を引きうけるべきであるとする見解や、調整過程がいたずらに長期化することを問題視する観点からは、大いに批判されるであろう。だが、小泉は大統領的首相として、細部は福田官房長官や竹中経済財政相にゆだね、最終的な裁定者として決断することを目指したと言える。とどまるところなく首相として「指示」を出し続けた第一次安倍内閣とは、この点で決定的に異なったのである。だとすると問題は、このリーダーシップがもたらした効果である。

その効果とは、第一に、大臣の政策能力、党、業界との調整力が極限まで試されるようになったことである。福田官房長官は「かつての官邸は政局対応7、政策3だった。今は政局対応が3、政策7。政策はしんどい」と周囲に漏らした[15]。田中眞紀子が典型であるが、力量に疑問符のつく政治家が大臣に就任することはもはや不可能となった。第一次安倍内閣の度重なる大臣の更迭は、その例証であった。

第二に、「抵抗勢力」に大臣が攻撃される見せ場を演出したことである。情報公開と相まって、国民から見れば、いかなる勢力がいかなる理由で構造改革に敵対しているかが明確になった。メディアによる事態の単純化という問題はあるにせよ、結果として、世論のバッシングを恐れる「抵抗勢力」側が途中で矛を収めてきたのが、これまでの政策過程であった。

福田官房長官は記者会見の席で「改革はきりがない。一つ進めれば、次が出てくる。次が出れば、また次が出てくる」と述べた[16]。統治構造が急速に変化しつつある現在では、改革課題はいくらでもある。そこでは、一つの改革が「後退」したとしても、別の改革を「前進」させることが可能である。一九九〇年代型改革では、統治機構の各部門を一つ一つ慎重に審議することで、その再設計が目指された。だが構造改革では、より小規模の制度改革へと対象が一気に拡散し、これらが切れ目なく続くようなスケジュールで改革が進められたのである。

構造改革の必然的失速

だが、そうした改革を持続させるのは極めて困難である。小泉内閣後、第一次安倍内閣で構造改革は失速した。格差是正という新しい政策課題の登場、官邸人事の失敗なども原因であるが、やはり竹中に匹敵する担当大臣に恵まれなかったことも見逃せない。

二〇〇九年、民主党政権が成立すると、格差是正を全面に掲げた政権は、構造改革の象徴である経済財政諮問会議を廃止することを決定した。もっとも法改正による廃止措置まではとられなかったため、諮問会議は休止状態のままに置かれた。

二〇一二年の総選挙後、第二次安倍内閣のもとで諮問会議は復活を遂げた。しかし、担当大臣には異能の人物というより党内の大物議員を充てており、小泉内閣時代の委員構成を再現したにすぎない諮問会議が、かつての構造改革に匹敵するスピードで官邸主導の改革を実現するとは到底予想できない。

政権交代とともに、旧来の諮問会議はひとまず役割を終えたと見るべきである。制度設計にあたって発想を根本的に切り替えない限り、諮問会議による官邸主導の再生はありえないであろう。

第四章
官僚制の変容

首相官邸にて青木幹雄前官房長官(右)
を見送る古川貞二郎内閣官房副長官
(2000年7月6日撮影　写真：時事)

中央省庁再編で大
蔵省から財務省に変
更となった看板を除
幕する宮澤喜一財
務相(左から3人目)ら
(2001年1月6日撮影
写真：時事)

一　戦後日本における政策決定過程の変容

官僚制内のネットワーク

自民党長期政権が一九七〇年代の派閥抗争をある程度終息させて安定期を迎えた八〇年代後半には、政策決定過程もまたパターン化した。すなわち、省庁官僚による起案と党政調会部会による関与を経て内閣が法案を提出し、それが国会審議に付されて成立する過程として、見取り図のように一つの手続きを描くことができたのである。

前章で確認したように、小泉純一郎内閣はこの手続きの見取り図を打ち破る手法を編み出した。だが、第一次安倍晋三内閣以後、福田康夫、麻生太郎両内閣はこの政策決定過程を制度化できずに迷走し、二〇〇九年の総選挙によって自民党から民主党への政権交代が起こった。

民主党政権は、自民党政権下の政策決定過程の打破を図りながら迷走した。そこでは確固たる意思決定のパターンが生まれる余地すらなかった。自民党が政権に復帰した現在でも、もはやそのような標準的なパターンを示すことはできない。

それではこの変化をどう説明すればよいのだろうか。太平洋戦争の敗戦を経て、自民党一党優位政党制のもとで成立した統治機構が、一九九〇年代型改革を経てどのように変化したかを理解することで、これまでの変化の上に立った現在の状況を見渡すことが可能になるであろう。

本章では、一九九〇年代型改革下の官僚制を、内務行政型、大蔵・財務省主導型、経済産業政策型という三種のネットワークの集合体ととらえ、政党や内閣組織と比べて変化のゆるやかな官僚制の姿を説明しながら、政権交代の時代に生じつつある政策過程全般の変容を描写する。ちょうど第一章で自民党を中心にして描いた戦後政治史を、官僚制の側からとらえ直すのである。民主党政権下でも最大の難題が予算編成と関連法案の国会通過であったことを念頭に置きつつ、政策過程の変容の中に、予算編成とその他の主要な政策領域との対立構造を浮き上がらせることにしたい。

自民党と官僚制の立場が逆転

第二章で検討したように、戦後日本においては、占領改革、占領終結後の自由党から民主党への内閣の交代、自由民主党の結党という一連の過程と並行して、政策決定過程は大きく変化していった。だが、これは一九六〇年代の池田勇人内閣・佐藤榮作内閣の下で安定化していく。以後、一九七〇年代の派閥抗争による内閣の交代を通じて変化の試みがありながらも、とりわけ八〇年代の中曾根康弘・竹下登内閣のもとで成熟を迎えた。これは九〇年代の諸改革が本格的に政治に作用する小泉内閣成立まで、ほぼ継続した。こうした自民党政権の成熟度を、官僚制との関係で示すのは次の二つの文書である。

まず、結党時から一九六〇年代にかけて自民党の機関の官僚制への影響力は低かった。たとえば、水資源開発関係二法の制定過程の資料を見ると、一九六〇年に関係省にヒヤリングと資料作成を求める自民党政調会の文書は次のような文面となっている。(1)

政府関係省庁の概括的説明を求めることといたしましたので、御了承の上、予《あらかじ》め貴省庁御所管に係る夫々《それぞれ》の資料調整方御手配を願い度《た》く、右申し入れます。

これに対して、二〇〇一年の政調会「e-Japan重点計画特命委員会」の、政府に対する申し入れの文面は次の通りである。(2)

全省庁が取り組む電子政府に係る予算及び、関係省庁が複数にまたがる地域の情報化及び医療の情報化等に係る予算については、縦割りから生じる非効率や重複が排除されるよう、関係省庁は相互に連絡・調整を行うとともに、財務省は厳正に査定を行うこと。

丁重なお願いの文面と、あたかも上司が部下に命令するかのような口調。二つの文書の間の表現の差は歴然としている。自民党長期政権の中で、自民党の官僚制に対する優位が徐々に確立したことが読み取れるであろう。

事実、自民党政権が継続するようになると、政調会は、政府審議会の審議状況、省庁内部の検討状況を逐一把握し、その内容と大きく離れず、しかし党独自の案を先に決定する手続きを作っていった。この過程を通じて、政調会に各界からの陳情が寄せられ、また各省での立案作業の情報も流入する。そして何よりも予算にあわせた意思決定のスケジュールを政調会自体が学んでいく。これは、一面では党の官僚制化であり、他面では行政手続きを徐々に習熟した政治家による、官僚への影響力強化であった。ちょうど一九八〇年代の自民党政権の成熟期に、日本政治研究では、多様な業界団体・市民団体による圧力政治を「多元主義」ととらえ、政策決定過程において自民党政調会が内閣の意思決定に優位する「党高官低」が現れたとする見解も提示されていた。自民党は数十年かけてこの仕組みを構築した。そうでもしなければ官僚制への影響力を行使し得なかったという点で、官僚制の壁はかくも厚かったと言うべきである。

だが、自民党が官僚機構に対して政策決定の中で優位に立つという「党高官低」は、時を経た二〇〇九年の総選挙の際には、民主党から「政府・与党の二元体制」であり、党が優位といいながら政策案そのものは官僚によって作成されたことから、「官僚主導」の政策決定であると批判されたのである。

一九九〇年代型改革後の内閣

民主党が主張した批判が登場するようになった背景には、一九九〇年代型改革が、自民党長期政権下の政策決定過程を様々な方向から変化させていったことがある。第一に、政治改革は、政治資金制度改革と小選挙区比例代表並立制の導入による改革を通じて派閥を解体させることを目的としており、自民党を「多元主義」的な政治過程を直接反映する「多元的」な党組織から、「多元的」な社会の上に立つ集権的な党組織に改変することを志向していた。第二に、省庁再編は、内閣主導の政策決定を目的に、省庁の数を減らす「大括り」の再編を行い、内閣官房・内閣府に「企画」権限を認めてその強化を図った。

この二つの改革だけを見ると、党と政府の双方が集権化され、党幹部がそのまま官邸に入ることで政治的に強力な内閣が組織される方向へと改革が進んだかのように見える。小泉内閣で特に強調された「官邸主導」とは、このようなイメージに適合的であった。民主党は、このイメージを政権交代に結びつけ、「官邸主導」を徹底しえない小泉以後の内閣を批判したと言える。

だが、第二章で見たように、地方分権改革、司法制度改革は、従来内閣に対してどちらかといえば従属的であった司法権や地方自治体の独立性を、飛躍的に強化することを意図していた。同様の流れは日本銀行改革や、公正取引委員会の機能強化にも見ることができる。

結果として、党と内閣の機能それ自体は強化されたが、自民党政権下では事実上中央省庁の統制に服していた組織がその制度趣旨に沿った形で独立性を強化したため、党・内閣の影響範囲自体は縮減したと言える。つまり、限定された権限の範囲内での党・内閣の集権化こそが、一九九〇年代型改革の成果であった。

したがって、一九九〇年代型改革以降の政策過程を見渡すには、内閣の影響範囲の境界に着目する必要がある。一方で内閣の影響範囲の縮減という変化の分析と、他方で影響範囲内で進行した集権に伴う変化の分析とを、ともに進めなければならないのである。

しかも、独立性を強化し、党・内閣の直接的な統制の下に立たなくなった機関は、党・内閣と半ば対等に交渉する主体として立ち現れる。政権はこうした機関それぞれとの交渉力を強化しなければならない。二〇〇九年以後の民主党政権、自民党政権はこうした諸機関と向き合わざるを得なくなっている。

よって、統治機構全体の変化をとらえるためには、官僚制を一元的な上意下達の階統組織と見るのは適当ではない。自治・独立機関を包み込んだ省庁と関係する組織とのゆるやかな結合からなるネットワークとしてとらえる見方が適合的である。とするならば、第一に、これらのネットワークとは何かを明らかにする必要がある。第二に、それぞれがどう変容したかを俯瞰《ふかん》する。第三に、この変容過程に政党がどのように関与したのかを明らかにする。そして第四に、民主党政権以降どのような変容が進みつつあるかを見通すのである。

ネットワークの歴史的形成

それでは、日本の官僚制はどのようなネットワーク組織に区分できるであろうか。今なお進行中の政策決定過程の変化をとらえるためには、ネットワーク組織として、歴史的に形成され、容易には変化しない官僚制の基層を成すものを抽出しなければならない。そのためここでは、官邸への補

佐機能と人的集団の性格から、内務行政型、大蔵・財務省主導型、経済産業政策型の三つに区分する。(3)

これらはもちろん、歴史的にはそれぞれ、内務省を中心とした中央省庁と府県の間のネットワーク、財政政策を通じた大蔵省と各省との間のネットワーク、一九三〇年代の岸信介率いる商工省を中心とした総動員体制の中の経済省庁間ネットワークを起源とする。だが戦後になると、自民党政権下では、首相の補佐は伝統的に旧内務省出身の官僚が就任する内閣官房副長官と、大蔵省出身の首相の秘書官との二系列からなっていった。

前者の業務は当初、閣議事務の補佐であったが、その延長で、各省が消極的な権限争議を行ったときに調整に入る形で省間調整に携わることも含まれた。他方、後者は、予算の編成と支出を通じた、大蔵省の各省への統制関係から成っていた。大蔵省は、財政秩序を守るために秘書官を通じて首相に意見を申し入れる。しかしこの申し入れは、意思決定の場面において、官房副長官を長とする内務行政組織のネットワークとふれあうことがなく、そこから統制を受けることもない。(4)

これらとは別に、戦後の通産省は、田中角栄内閣以後、吉國一郎内閣法制局長官と小長啓一秘書官の実績を通じて首相秘書官ポストを獲得した。他方、当時の通産省は十年ごとに日本経済の変化を読み解く『ビジョン』を策定していたが、その内容は斬新なアイディアを数多く含んでおり、これをもとに通産省は、他の経済省庁を制して産業政策・経済政策を方向づけようとした。

さらに橋本龍太郎内閣以降、省庁再編に際して通産省は、官邸の出向ポストを確保しつつ斬新な

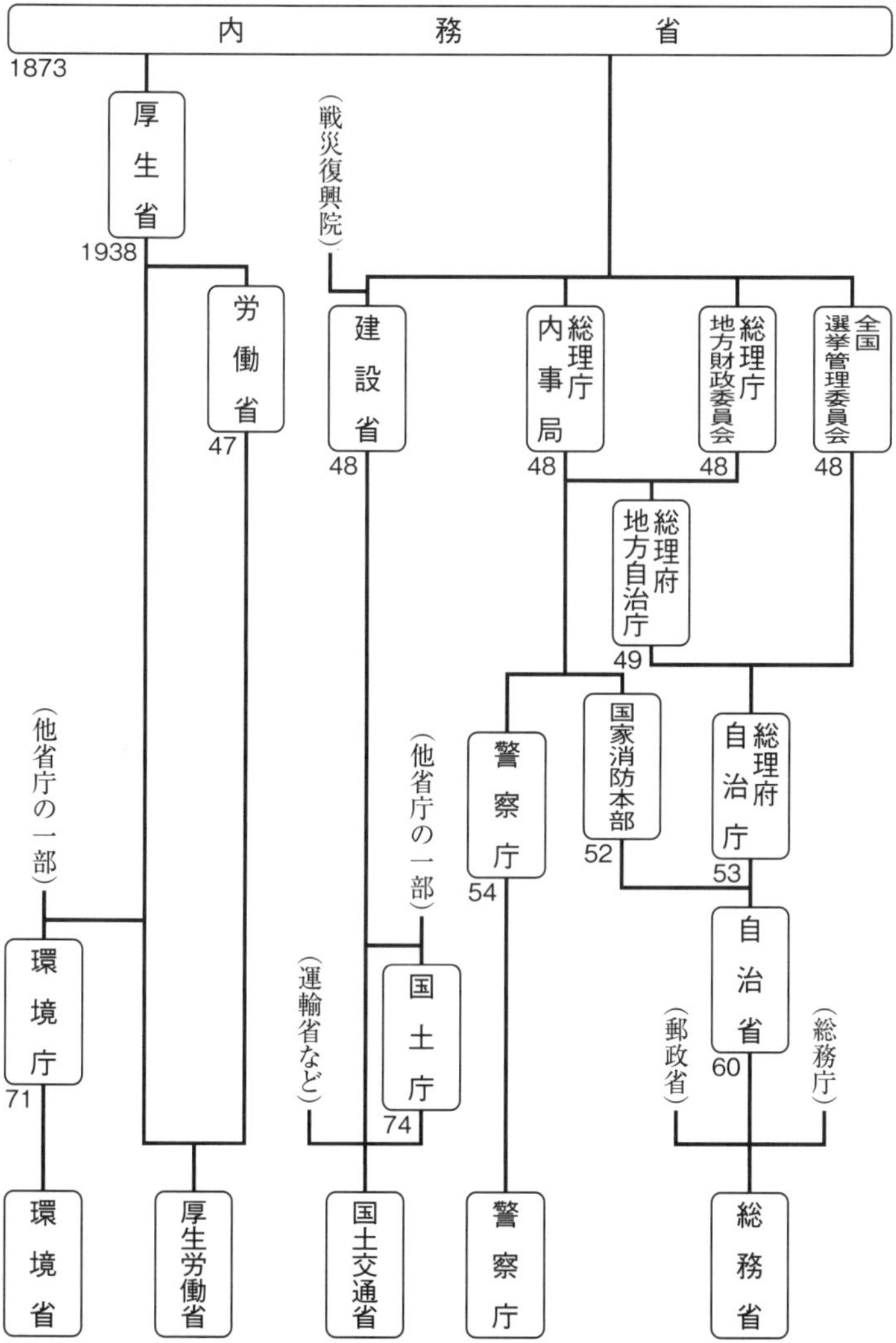

内務省解体から2001年の新省庁体制までの流れ

改革アイディアをもとに大きな影響力を発揮した。同様に、省庁再編以降の改革なかんずく公務員制度改革では、通産省とその後継省である経産省は改革の事務局の枢要ポストに出向者を送ることにより、影響力の保持に努めた。こうした経済政策にもとづいた改革ネットワークは、小泉内閣下で、経産省本体とは別に、経済財政諮問会議を中心にして再度連携を強めていくこととなったのである。

それぞれの特徴と影響力の範囲

以上から、第一の内務行政型ネットワークは、戦前の内務省の後継省庁によって構成される省と、地方自治体職員のネットワークによって構成されている。ここでの特徴は、組織的には省間の縦割りを温存しつつ、職員の自治体への出向の際に相互の連携を可能としている点である。また、法律によるきめ細かい制度設計に高い価値がおかれ、内閣法制局で最終的に整理を行う一方で、最小限の政策的調整は、内務省後継省の官僚から選任されることが多い内閣官房副長官による決済に委ねるという仕組みがとられている。

第二に、大蔵・財務省主導型ネットワークは、大蔵省・財務省による各省への強固な予算統制のネットワークである。ここでは財務官僚が、予算の編成と支出を通じて各省をコントロールしており、中央省庁の予算・会計事務を担当する官僚間の同質性が特徴である。そこでは財政秩序の維持が重視されるため、地方財政など非効率な部門への強い予算削減傾向をもちつつも、予算編成の

「筋とバランス」を重視する点で各省横並びの配分が特徴となっている。また、首相秘書官を通じて首相と直結した強いコミュニケーション・チャンネルをもっている。かくして、大蔵・財務省に強い権限が集中したネットワークとなっている[5]。

第三に、経済産業政策型ネットワークは、かつては通産省、小泉内閣では経済財政諮問会議を中心に、経済省庁のみならず官と民との相互交流を含んだネットワークである。日本の中央省庁の中では個別の産業ごとの政策を越えた凝集力は弱く、通常のルーティンの政策過程では、このネットワークが影響力を発揮することは少ない。

だが、一九三〇年代後半から敗戦までの戦時体制や、九〇年代後半の省庁再編期などの変動期において、新しい改革のアイディアを持ちこむことで、既存の制度を変革し得たときに大きな影響力を発揮する。したがって、その権力基盤は戦時経済の中で経済計画を策定した企画院、九〇年代の行政改革会議事務局や省庁再編後の経済財政諮問会議など、内閣の附属機関ないしは諮問機関である。ここでは、経済合理主義と過去の経緯に必ずしも囚らわれない自由な発想とが特徴となっている。その反面、法的な制度設計に関して、内務行政型ネットワークほどきめは細かくない。

関与する政策の違い

では、こうした官僚制のネットワークは政党とどのような関係を持つのであろうか。時期的に区分すれば、以下のようにまとめることができる。

まず、一九五五年の自民党の結党以後、戦前以来の大蔵・財務省主導型ネットワークが強固な位置を占めた。基本手続きはすべて大蔵省の専管事項であったが、池田勇人、田中角栄、竹下登といった政治家が、特に大蔵官僚を掌握することで影響力を増していく。自民党長期政権下で指摘されてきたように、大蔵省が予算編成を通じて各省のみならず政府・与党にも強い影響力をふるったとする「大蔵省支配」は、手続きの制度設計において現れる。制度の形を決めるのは大蔵省だったからである。

だが、重要案件についての予算額の確定に際しては政党の意向が十二分に汲まれるため、それが大蔵省の想定範囲内だったのか、それとも政党が大蔵省の意向に反して押し切った結果なのかどうかにかかわらず、表面上は「政党主導」の意思決定に見える。それが、ここでの政官関係の特質であった。

次に、一九四七年に解体された内務省の後継組織が六〇年の自治省の設置によって制度化を進める中で、戦後の地方制度に合わせて徐々に内務行政型ネットワークが再構築された。ここでは、制度設計には高度な法的素養が必要であるため政治家の介入は極小化されるが、公共事業の箇所づけに代表される個別の利益誘導には、政治家が深く関与した。また、九〇年代以前は官房副長官の権限が強くないため、特に官邸での調整は必要とされず、各省分断のまま政策決定が進められたのである。

総じて大蔵・財務省主導型ネットワークは受動的かつ防御的な予算編成を、内務行政型ネットワークは省レベルの政策決定を志向する。両者が対応していないのが、政府全体を包括するビジョンに基づいた能動的な政策革新という領域である。(6)経済産業政策型ネットワークが目指すものはここにある。このネットワークはとりわけ橋本内閣以降、首相ないしは与党有力者の側近という地位を拠点に、諮問機関を立ち上げてビジョンを練り上げ、政府全体の改革を一気呵成《いっきかせい》に進めようとした。省庁再編、経済財政諮問会議における「構造改革」の「加速」とは、この特質を端的に示している。首相のリーダーシップ、民間出身の経済ブレーン、各省の発想を超えた「革新官僚」の三者が、ルーティンによる行政の桎梏《しっこく》を克服したとき、このネットワークが強固に作用するのである。

こうして三種のネットワークは日々、並列して政策形成に努めている。状況に応じて、政治との関係で影響力の優劣が生ずるが、地方制度、国際的・国内的経済状況に応じた政策的対応の必要性などから、これらはいずれも官僚制に深く根を下ろした安定的なネットワークとなっているのである。

二　改革の類型と官僚ネットワーク

改革で活性化する官僚ネットワーク

以上の三つの組織ネットワークをもとに、どのように政策過程の変化をとらえられるであろうか。

	従来型改革	1990年代型改革	構造改革	第一次安倍内閣の改革
改革手法	全面的行政改革	憲法上の各機関の改革	経済改革	憲法・基本法改正
対　象	行政制度全般	統治機構(憲法附属法)	金融市場	憲法・教育基本法・国家公務員法
推進機関	各界代表型審議会	「政策起業家」型審議会・私的諮問機関	経済財政諮問会議	アマチュア審議会(内政) プロフェッショナル諮問機関(外交・安全保障) 国会(強行採決の多用)
改革過程の特性	全会一致・事務局主導	緻密さ	リズムとテンポ	スピード感

この際に有用なのは、「改革」の政治過程を図のように時期区分し、それぞれの段階に応じて三つの組織ネットワークが徐々に変化しつつも、相互に連携ないしは対立するととらえることである。

まず第二章で簡単に説明したように、一九九〇年代以前の「従来型改革」「一九九〇年代型改革」、小泉内閣の「構造改革」、第一次安倍内閣の改革との特徴を比較するならば、上の表のようにまとめられるであろう。

従来型改革とは、一九八〇年代以前に見られたものである。そこでは、省庁に設置された審議会が、各界を代表する委員構成で検討を続け、事務局の根回しの下で全会一致の答申を提出し、それが政府によって尊重されることで、法案へと結実する。ここでいう「改革」とは、各省の所管事項の漸進的変化とほぼ同義である。この種のルーティン的な政策過程の中核を占めたのは、大蔵・財務省主導型ネットワークであった。

これに対して一九九〇年代型改革は、統治機構の基本的な法律を対象とする法改正の改革であった。そこでは法的思考が重視され、関係省の多さから内務行政型ネットワークの再編が鍵となった。従来は各省ごとの政策革新が主調であったこのネットワークも、省横断的な改革が必須となる。そのため、かつては消極的な調整をするにとどまっていた官房副長官の役割が一九九〇年代を通じて増大した。石原信雄・古川貞二郎という二人の官房副長官が七年から八年という長期にわたって在任したのである。とりわけ行政改革会議の最終報告を法案化する作業では、古川副長官は多面的な調整活動に従事した。

そして、小泉内閣の発足とともに進められた構造改革においては、経済財政諮問会議がこれを主導した。民間出身の大臣であった竹中平蔵経済財政担当相が、民間議員提出ペーパーを利用して、金融市場改革、予算決定手続改革、構造改革特区制度の設立などの改革を進めた。また、並行して試みられた公務員制度改革では、経産省出身の審議官と経産省の「チーム」が改革を進めようとしていた。[7] 全体として見ると、この時期には経済産業政策型ネットワークが政策革新を図ったと見ることができる。

大蔵・財務省主導型の復権

しかし、小泉内閣の構造改革が政策決定手続きを一つの型におさめはじめると、竹中経済財政担当相の総務相への交代に表れたように、経済産業政策型ネットワークの影響力が減退し、代わって大蔵・財務省主導型ネットワークの影響力が高まった。象徴的な例は次の二つである。

一つには、二〇〇四年度から開始された地方財政に関する三位一体の改革である。改革の出発点は経済財政諮問会議であったが、税源移譲よりも補助金の削減を優先して進めた改革の工程は、大蔵・財務省主導型ネットワークの発想そのものであった。ここでは、大蔵・財務省主導型ネットワークが経済産業政策型ネットワークを凌駕しつつ連合を組むことで、内務行政型ネットワークに譲歩を引き出させたと見ることができる。

二つには、政権末期の二〇〇六年に着手された歳出・歳入一体改革は財務省路線そのものであり、ここに経済産業政策型ネットワークとその拠点である経済財政諮問会議の影響力が縮小したことが明瞭に読みとれる。

第一次安倍内閣における改革は、多分に混乱も見られたが、この路線をさらに推し進めたものであった。すなわち、予算編成は財務省中心に進め、内政の諸改革においてはアマチュアの諮問機関委員を登用した。財務省主導型ネットワークに依拠しつつ、小泉内閣ほどの力量はないにせよ経済財政諮問会議を用いて経済産業政策型ネットワークを活用したと言えるだろう。

その結果、内務行政型ネットワークの影響力が減退した。このことは、官房副長官に元大蔵官僚を起用し、経済財政諮問会議で道州制、公務員制度改革などの課題が立ち上がり、それらを検討する諮問機関に大量の民間人を登用して法律論を無視する改革案を提出させたことに表れている。この路線は二〇〇七年の参院選大敗で失速し、以後は政策革新なき政権が〇九年の総選挙まで持続したのである。

民主党と財務省との協力体制

二〇〇九年九月に成立した民主党政権は、発足と同時に二つの課題に直面した。一つはマニフェストに掲げた統治機構改革、なかんずく「脱官僚」「政治主導」の政策決定への改革である。そしてもう一つは、〇九年度第二次補正予算と一〇年度予算の編成であった。

前者は制度の重大な変更であり、後者は政権交代にかかわらず進められるルーティンの政策決定である。とりわけ経済財政諮問会議を廃止することを前提とした民主党政権にとり、予算編成過程は小泉内閣以前の手続きにもどることを意味していた。つまり、直近の自民党政権の政策決定手続きを大きく変える過程の下で、伝統的な自民党長期政権の手続きに沿った政策決定を行うというディレンマの中に自らを置いたと言えるであろう。

このディレンマを克服するためにとった手段は、予算編成を確実にするために、政権発足前から財務省と協力する体制を準備したことである。つまり、大蔵・財務省主導型ネットワークを最大限に利用したのである。新聞によれば、組閣前後の民主党政権は、国土交通省・農林水産省などの事業省庁との情報流通を遮断し、財務省との連携を強化していた。十一月に行われた公開の事業仕分けによる「ムダ」の排除は、財務省からの十分な協力があることをうかがわせていた。

他方で経済財政諮問会議を廃止し、マクロ経済政策ではほとんど整合的な政策立案をする用意がなかった民主党において、経済産業政策型ネットワークはほとんど機能しなかった。その痕跡があるとすれば、各省幹部人事に降格処分を認める公務員制度改革である。これは、通産省出身で行政改革会議の事務局に参画した経験を持つ松井孝治《こうじ》官房副長官らによって進められた。ここには、内務行政型ネットワークとは距離を置く制度設計への志向が見られると言ってよい。だが、松井副長官が退任した菅内閣以降は、このネットワークは機能しなかった。東日本大震災後、菅首相がいとも容易に「脱原発」に舵《かじ》を切れたのも、政権が、原子力行政を所管する経済産業型政策ネットワークに依拠していなかったからである。

だが、問題は、民主党政権が依拠した大蔵・財務省主導型ネットワークの質である。政権発足時の鳩山内閣は、最初の閣議において、「基本方針」「政・官の在り方」「鳩山総理から各省事務次官への訓示」という一連の文書を決定した。これにより、大臣・副大臣・大臣政務官の政務三役が意思決定の主体となることを宣言し、事務次官会議を廃止して、従来官僚が行っていた事前調整を政務三役が行うという原則を示した。

また、内閣官房に国家戦略室を設け、公務員制度改革などの行政改革のために行政刷新会議を設置して、首相のリーダーシップのもとで改革を推進する体制をつくった。これにもとづいて国家戦略室、行政刷新会議担当の政務三役が財政政策を主導し、それにより大蔵・財務省主導型ネットワークをコントロールするはずであった。制度設計の中心人物であった松井副長官の発想もまたそうであったと言うべきであろう。

しかしながら、二〇一〇年度予算編成が迷走していた十二月十六日、突如小沢一郎幹事長のイニシアティブで「政府・民主党との各種陳情・要望に関する意見交換会」が開催され、陳情にもとづいたものとされる予算編成に関して内閣への申し入れがなされた。その内容は、高速道路の無料化をとりやめ、土地改良事業予算を大幅に削減することによって財源を捻出し、子ども手当や、農家戸別所得補償などマニフェストに掲げた公約関連予算に充てるというものであった。

この民主党案に財務省の協力がなかったとは考えにくい。内閣の機能不全を党が補完する際に、官僚が双方に対して「説明」を行うという自民党政権下の政策過程にきわめて類似した状況が出現したのである。つまり、小泉内閣時代に一度は経済財政諮問会議によって影響力を弱められた大蔵・財務省主導型ネットワークは、小泉内閣以前へと回帰し復権したとも見える。

「財務省支配」は真実か

民主党政権時代、マスメディアはことあるごとにこうした点をとらえて「財務省支配」が再現されたと報道していた。だが、事態はそう単純ではない。まず、民主党政権が閣議決定「予算編成等の在り方の改革について」で掲げたように、事業仕分けなど予算編成の「透明化・可視化」を図ることを課題としており、財務官僚が裏舞台で縦横無尽に動くことを一定範囲で抑制した。

そして何よりも重要なのは、「地域主権」を掲げる政権が、地方自治体に配慮した政策立案を図った点である。政権は十一月に内閣府に関係閣僚と有識者からなる地域主権戦略会議を発足させ、そこでは安倍内閣下で設置され勧告を提出した地方分権改革推進委員会の施策を実施しつつ、補助金の一括交付金化、出先機関の改革などの改革を進めることとしている。これを契機に、従来の内務行政型ネットワークが、大蔵・財務省主導型ネットワークと同様に機能しはじめたと見るべきである。ただし、各省よりは自治体とりわけ首長の意向が従来以上に反映されており、一九九〇年代の地方分権改革の成果がようやく芽を出し、内務行政型ネットワークが新しく機能し始めたとも言える。

総務省もまた、副大臣・大臣政務官と有識者からなる地方行財政検討会議を発足させ、さらに二〇一一年には地方制度調査会を再度設置して、より詳細な地方自治関係法と地方財政改革の方向性を検討していった。したがって見取り図としては、自治体の影響力が増し変容を遂げつつ、従来の内務行政型ネットワークを強化し、これが大蔵・財務省主導型ネットワークと対峙しつつあるという構図を描くことができるであろう。

民主党政権による「独立性」の侵蝕

この対峙の構図は、地方自治体と政権との関係を、他のもろもろの独立機関と政権との関係と比較することで、さらに明らかとなる。(8) 民主党政権成立後、まず財界の意向を踏まえて公正取引委員会の審判制度を廃止する改正が行われることが決定された。もっとも、これは結局法案成立に至らず、第二次安倍内閣下で再度国会通過が図られている。

次に、二〇〇九年十二月の天皇と中国の習近平国家副主席との会見に際して、天皇の会見一カ月前までに文書で正式申請を必要とする「一カ月ルール」が適用されなかった。結局は「統一的なルールを設けることは現実的ではない」として、天皇の会見の際に「一カ月ルール」にはとらわれないとする政府見解が作成された。この間政府と宮内庁とは激しく対立したのである。

さらに、小沢一郎幹事長の政治資金問題は、一度は東京地検特捜部の小沢立件断念という結末に至ったが、ここに至るまで、政府からは指揮権発動による捜査中止要請の可能性が否定されず、民主党議員からは取り調べの可視化法案の研究などによって公然と検察を牽制するといった動きが現れた。

そして公務員制度改革をめぐっては、人事院の権限縮小が本格的に議論され始めている。

以上のように、公正取引委員会、宮内庁、検察庁、人事院といった政府内の独立機関に対して、その独立性を侵蝕して影響力を弱めようとするのが、民主党政権の手法であった。地方自治体のみがこの例外になるとは言えない。

その端的な例が、八ッ場《やんば》ダムの事業停止について前原誠司国交相が、地元自治体の意向を当初無視しようとしたことや、沖縄の普天間基地移転問題で平野博文官房長官が地元自治体の同意を不要とする「法的決着」に言及したことである。いずれも自治体との交渉を打ち切って決定を下すことが公然と主張された。このように民主党政権は、「地域主権」という標語とは裏腹に、他の独立機関に対してと同様、地方自治体の自治権をも侵蝕しようとする傾向を根強く持っていた。

内務行政型と大蔵・財務省主導型との拮抗

したがって民主党政権内では、政権と、総務省など内務省系の省庁との間で厳しい摩擦が続いていた。政権が内務行政型ネットワークを重視し、地方自治体を尊重しているように見えたとすれば、メディアでの発言力のある地方自治体の意見のみが強調され、採用されているように見えたからでもある。こうした内務行政型ネットワークのメディア志向は、大蔵・財務省主導型ネットワークとの関係では効果的かもしれない。もっぱら歳入・歳出の行政的な配分の中で中央優位を確立しようとする財務省に対して、メディアで強い反対意見を表明することで地方の側が抵抗しうるからである。

内務行政型ネットワークがメディアに過剰に頼ることなく、その影響力を持続させるには、内部のガバナンスを強化できるかどうかが鍵である。そこでは元来、中央省庁間の縦割りが強い上に、都道府県・市町村間での利害対立が根深い。法定化された国と地方の協議の場は、このネットワークのガバナンスの要の一つであるが、ここで地方の側がどう地方間の利益を調整し、国との交渉に臨めるかが問われる。地方六団体の体制強化や、これらとは別個の団体の設立を含めた地方間の連携についても新しい構想が不可欠となるであろう。このガバナンスに風穴を開けたのが、大阪府知事・市長にあいついで就任した橋下徹であった。これが一過性かどうかは橋下次第である。橋下が今後長期にわたって大阪市政を担い、その構造的な改変を成し遂げれば、内務行政型ネットワークを地方の側から大きく変えられるであろう。

もし二〇一〇年の参院選で民主党が国民の信任を得たと言えるだけの票を獲得していたとすれば、政権は経済政策を含めた長期的な政策策定に着手する構えに入り、そのときに経済産業政策型ネットワークが再度機能し始めたかもしれない。だが、参議院選挙で過半数議席を失った民主党政権は、もはや大蔵・財務省主導型ネットワークに頼り切るしかなかった。一〇年六月には菅直人、一一年八月には野田佳彦と、財務相出身者が続いて首相を務めたのは、象徴的である。野田内閣が一二年九月に早期解散との引き替えに達成した社会保障と税の一体改革は、やはりこうした大蔵・財務省主導型ネットワークに頼る政権運営の帰結だったのである。

官僚制のネットワークの将来像

一九九〇年代の大蔵省バッシングと省庁再編の際に、しばしば「特定の強力な省庁を作るべきではない」という意見が登場した。官僚制を統制するには、一見そのような処方箋が有効のように感じられるかもしれない。だが、それは自民党長期政権という条件下の議論である。

政権交代ある政治システムの下では、選挙で信任を受けた政党の公約が強力な正統性を持ち、いかなる政権であれ官僚制への強い統制力を行使することになるであろう。つまり、方法に違いはあるにしても、「政治主導」は不可避なのである。とすれば、官僚制に強い影響を及ぼす政党に対して行政の中立性を守るために、官僚制の側も統合する必要が出てくる。

イギリスでは、一体化された公務員制のもとで官僚集団が統合され、その総監督者である公務員制度長官は内閣秘書官を兼任し、大蔵事務次官がそのポストに就任するのが、概ね第二次世界大戦後の慣行であった。こと内政面での「大蔵省支配」が貫徹することによって、官僚制は政党のパートナーとなっているのである。

二十一世紀の日本でも、公務員制度改革は単なる行政整理のためだけではなく、政策決定のための政党のパートナーの育成という目的から進められるべきである。その際には、強力な省ないしそこでキャリアを積む官僚集団を作り上げることも視野に入れるべきであろう。

しかしながら、イギリスと異なり、日本では地方財政と国の財政とが緊密に結びついており、財政政策を検討する際には、地方なかんずく広義の内務行政に対する感度が不可欠である。イギリスでは存在しない内政を総括する内務省系の省が日本には確固と根を張っているのである。

日本の官僚制は今なお、大蔵・財務省主導型ネットワークと内務行政型ネットワークとの間で深刻な緊張関係を抱えている。官邸の事務の副長官を伝統的に内務省系の省の官僚が押さえ、大蔵官僚はこれとは別系列で秘書官を通じて首相と連絡をとったというのは、その制度的表現である。これをどう架橋するかという問題意識が、今後の官僚制の制度設計には不可欠なのである。

最終的には、地方自治と財政政策の双方に習熟した官僚集団を作り上げることが課題になる。総務省あるいは地方自治体と、財務省との人事交流が最初のステップであろう。遠い将来には、人事面での一体的運用、さらには統合によって統治能力と総合調整能力を兼ね備えた官僚集団が、政治主導を掲げる政党と協力しあうパートナーとして形成されるかもしれない。

これまでの日本の経験ではあり得ない構想ではあるが、リーマンショック以後各国で求められている大胆な歳出削減、超高齢化社会の到来、政権交代ある政治システムの定着、地域経済の疲弊といった日本固有の状況に官僚制が対応するには、もはやこうした制度設計も検討されなければならないのである。

第五章
公務員制度改革はなぜ停滞するのか

国家公務員制度改革の事務局開局に際して看板をかける福田康夫首相（右）と、公務員制度改革担当相の渡辺喜美（左）ら
（2008年07月11日撮影　写真：時事）

一　自民党政権下の改革

一九九〇年代型改革の継承

森喜朗内閣の行政改革担当大臣に就任した橋本龍太郎は、二〇〇一年四月の自民党総裁選挙直前に、国家公務員制度改革を次のように位置づけた。[1]

私は、昨年十二月に行政改革担当大臣を拝命し、本年一月六日には新たな府省体制のスタートを担当閣僚として迎えることができました。さらに、この器の改革に次いで新たな器に魂を入れる改革に取り組んでおります。すなわち行政のやり方、運営の改革を実現する行政システム改革として、行政の担い手である公務員の行動原理の変革、意識改革をもたらす公務員制度改革を始め、特殊法人等改革、行政委託型公益法人等改革を今次改革の第一の課題として据えて推進してまいりました。

ここからは、省庁再編の次に来るべきものとして位置づけられた継続的な改革課題として、「公務員の行動原理の変革」を目指す公務員制度の改革が準備されていたことが読みとれる。

橋本の言うように、一九九〇年代の統治機構改革を継承するものとして着手された公務員制度改革は、紆余曲折を経つつも、二〇〇八年六月に、一応の成果として国家公務員制度改革基本法を成立させた。しかし、〇九年からの民主党政権を経てもさらなる改革には実質的に成功しないまま、第二次安倍晋三内閣はこれを再検討するにとどまり、一三年五月現在に至っている。

そもそも公務員制度改革の論点はきわめて多岐にわたる。公務員制度は、日本の行政システムを人的資源から規律する制度であり、その対象は行政システムそのものだからである。だがここでは、一九九〇年代型改革の延長として提出された改革である点から、次の諸点を中心に改革の帰趨《きすう》を検討したい。

第一には、内閣機能の強化の延長から、人事院の縮小、内閣による各省幹部人事の一元管理である。従来は、公務員に労働基本権なかんずく労働協約締結権を認めない代償として、人事院が民間給与と労働条件を調査して公務員給与を政府に勧告する仕組みが取られていた。したがって人事院を縮小する場合には、この労働協約締結権を公務員に認めるかどうかが重要な論点として登場した。また、公務員人事は各省大臣が掌握しているが、これを内閣が掌握する方向での改革が必要であると唱えられた。

第二に、公務員の抜擢と降格の自由度を高める改革である。従来は、公務員は降格させられず、その抜擢は、定員の規制が厳しいなどの事情からきわめて困難であった。こうした状況に対して、年功序列による給与決定ではなく、個々の職員の能力に応じた給与決定が必要であるとされた。つまり「能力主義」を導入すべきという論調が強まったのである。
第三に、公務員バッシングに対応した規律の強化である。具体的には、天下り禁止や公務員倫理規範の制定などが行われることになった。

構造改革後に公務員制度改革は可能か？

統治機構の全般的な点検が必要であるという漠然とした気分からすれば、小泉純一郎内閣後の第一次安倍内閣が急速に進めようとした公務員制度改革は、道州制改革と並んで当然に進めるべき課題となるように見えた。行政の基幹となる制度の改革が不可欠であるように思われたのである。しかし、小改革を波状的に打ち出して最終的にグランドデザインに至る構造改革という手法の後では、あまりにも影響範囲の大きい改革であるために、実現へのスケジュールを描けなかった。
また、内閣の統制強化によって人事院という独立機関を大幅に縮小し、政治的中立が求められる公務員制度の基礎を根本から揺るがすような改革案は、都道府県の権限を国主導で剝奪《はくだつ》するかのような道州制改革と同様、自治・独立機関への政治的介入であり、本質的には森内閣時代に構想された一九九〇年型改革の仕上げではなく、それと逆行する改革であった。小泉内閣後の歴代自民党内閣は、あたかも自民党政権が永続するかのように長期的なスケジュールで改革を構想したが、二〇〇七年の参院選における惨敗は、長期的に見て自民党政権が永続し得ないであろうことを印象づけた。

一九九〇年代型改革のような緻密な法制度設計を行い、改革を実現するとすれば、与野党が改革課題への認識を共有しなければならない。政権交代後の民主党政権の野田内閣が解散の確約と引き替えに合意に至った社会保障と税の一体改革は、このように改革課題を与野党で共有した例となるが、公務員制度改革には、そのような展望は必ずしも開けていないのである。

三つの逆説

一九九〇年代型改革・構造改革と政権交代との関係を解きほぐすために、本章では公務員制度改革の動向を探っていく。そのために、二〇〇九年以前の自民党政権時代と民主党政権以後とを分けて考える。

まず、自民党政権下の改革過程は、次の三つのパラドクシカルな特徴を持っている。第一に、首相のリーダーシップが不在でありながら、改革が持続していたことである。小泉内閣での改革の挫折、安倍首相の劇的な退陣という事態を乗り越えて、福田康夫内閣でも、首相の関心が決して高くない中で改革が継続し、最終段階では与野党の様々な駆け引きと福田首相の判断で基本法が成立した。つまり、リーダーシップによる関与が稀薄でありながら、改革が進行したのである。

第二に、グランドデザインとしての統治機構改革として出発しながらも、実態はそのときどきの不祥事への対処であったことである。社会保険庁、林野庁、ガソリン税暫定税率をめぐる目的を逸脱した支出など、新しく不祥事が明らかになるにつれ、改革が不可避であることが印象づけられ、改革を闇に葬り去ることができなくなったのである。

第三に、公務員という専門家集団の制度設計でありながら、この改革が、ほぼ一貫して公務員制度の専門家を排除して行われたことである。アマチュアリズムによる公務のプロフェッショナルの改革と言えるであろう。

改革の過程

二〇〇〇年末の森内閣下で決定された「行政改革大綱」では、国家公務員制度について、信賞必罰の人事制度、再就職の規制、官官・官民間の人材交流の促進、大臣スタッフの充実、中央人事行政機関等による事前規制型組織・人事管理システムの抜本的転換などがうたわれていた。これに基づいて、行政改革推進本部は国家公務員法の改正案を検討していった。だが、改革に意欲的であった橋本行革担当相は、小泉と総裁選を争い、小泉内閣の成立によって大臣を更迭された。以後橋本は党から改革へ指示を出す役割にとどめられ、改革は決定的に推進力を失った。

小泉首相はこの改革にまったく関心を示さなかった。結果として行政改革推進本部は、党の指示に基づくという形をとって法案の検討を行った。だが、経産省出身の本部担当参事官を中心にした経産省官僚グループの改革構想が人事院と激しく衝突し、改革案の現実適合性は十分検討されないまま、法案の作成が進められた。官僚間の反目に翻弄された改革は、結局、法案を提出できないまま頓挫した。これが改革の第一段階である。

第二段階は、第一次安倍内閣発足直前の二〇〇六年七月に、有識者を集めた行政改革推進本部専門調査会が設置されて、公務員の労働基本権について検討する場が設けられたときから始まった。だが、九月に安倍内閣が成立すると、十二月の経済財政諮問会議で、民間議員から「労働市場改革」と整合的な改革となるべきことが打ち出され、公務員制度に「民間並みの合理化」を行うよう提案がなされた。同席した佐田玄一郎公務員制度改革担当相もまた、再就職管理の適正化、能力主義に基づく人事管理、労働基本権の検討、分限処分（心身の故障や勤務実態がよくない場合に行う降格や免職）の見直し、官民交流の推進を柱とする公務員制度改革を示した。特に、民間議員からはこれを「パッケージ」として改革するよう提案されることで以後の改革の基調が形作られていく(2)。

だが、十二月末に佐田担当相が不祥事で辞任し、首相の任命責任が問われ始めてから、改革が急展開する。後任大臣の渡辺喜美《よしみ》は、改革は「パッケージ」であるが、その中でも改革可能なものから随時法案化を図るという方針を打ち出し、小泉内閣で検討されていた、昇進を弾力化する能力等級制に加えて、「官民人材交流センター」による天下りの一元管理を新たに含んだ法案の国会提出を強行しようとした。

天下り規制を課題に掲げた直接の理由は、林野庁・防衛施設庁の官製談合であったが、年金記録のずさんな管理が問題化して内閣支持率が急降下する中で、国民の怒りの矛先を官僚制に向け、その「リストラ」によって政権の浮揚を図ろうとした面もあったと見るべきであろう。参院選を控えた内閣の実績作りのために、法案は国会での強行採決によって成立したのである。

第三段階は、参院選の投票直前に安倍首相が、「公務員制度の総合的な改革に関する懇談会」と「官民人材交流センターの制度設計に関する懇談会」を設置し、選挙の結果いかんにかかわらず、内閣を継続し、改革を推進しようとしたことを契機に開始された。いずれも選挙前の既定方針ではあったが、参院選で自民党が歴史的敗北を喫する中で審議が開始された。九月に安倍首相が辞任すると、後任の福田首相は、閣僚の留任方針の下、渡辺担当相による改革の推進を消極的に容認した。また十月に専門調査会は、労働基本権の付与については両論を併記する報告を提出し、閉会した。

以上を受けて渡辺担当相は、懇談会での議論を法案化すべく尽力した。結果としてまとめられた国家公務員制度改革基本法案は、国家公務員試験制度を見直してⅠ種・Ⅱ種のキャリアを入省段階から区別するキャリア・システムを廃止し、幹部公務員については内閣で人事を一元管理する内閣人事庁を設置し、政官接触を禁止することを打ち出した。だが、自民党内にも異論が強く、省庁からの反対も極めて強い中で、首相の指示で民主党案を受け入れることとなった。その結果、試験制度改革は進めるものの、内閣人事庁は内閣人事局に縮小され、政官接触を禁止しない代わりに文書化・情報公開を原則とする制度へと修正されて成立を見たのである。

改革の結末

以上の過程から浮かび上がるのは次の諸点である。

第一に、小泉内閣下の改革は、橋本の担当相更迭によって、一九九〇年代の統治機構改革との連続性を事実上喪失した。その結果、能力主義を柱とする民間企業の人事システムを性急に導入しようとする経営主義的な経産省の構想が突出することとなり、人事院・総務省など従来の人事行政所掌部局の能動的な協力を得られない立法作業に終始した。橋本が発揮していたようなリーダーシップを失った改革には理念も実体も伴わず、官僚組織間のむき出しのセクショナリズムが改革過程の特性となった。改革が失敗するのは当然であった。

第二に、安倍内閣以降は、「パッケージ」としての改革が標榜されながらも、改革の動機は、経済界からの公共部門の効率化要求と、官僚のモラル低下への国民からの批判であった。問題の所在は明確であったが、公務員制度改革によってそれが根治できるかどうかの議論があいまいなまま、検討作業が進められた。その結果、安倍内閣の下では、行政改革推進本部の一部の官僚による法案化作業が進み、福田内閣の下では懇談会の起草委員が独走する形で原案を作成し、改革はとりわけ既存の省庁から強い反発を招くこととなったのである[3]。いずれも、原案の作成者は公務員制度を知悉しておらず、法案の実現可能性を将来の検討に委ねつつ、概略的条項についての法案化が先行するという改革になった。

第三に、にもかかわらず改革が継続したのは、小泉・安倍の両内閣が、その政権末期に改革を検討する懇談会を設置したことによっていた。具体的な意図は何であれ、官邸サイドが改革の継続を意識していたことは明らかである。福田内閣は、国家公務員制度改革推進本部を設置したが、これは民主党政権から自公連立政権下を経て継続的に活動し、内閣の交代にもかかわらず改革は形の上では継承された。結果として、様々な抵抗に遭いながらも、能力主義、天下りの一元管理、幹部公務員の一元管理という方向が、繰り返し改革のテーマとなっていった。

実効性の無視

それでは、以上の過程は、いかなる改革の類型に属するであろうか。まずそれは一九九〇年代型改革ではない。さらには、金融市場を対象としているわけでもなければ、経済的合理性を追求したとも言えない点で、「構造改革」とも異なる。いわば第一次安倍内閣固有の改革とでも言うべき性格を今なお色濃く残しているのである。

第一に、小泉内閣下の公務員制度改革は、リーダーシップ不在の中で、規制緩和の延長として位置づけられたことに特徴があった。「事前の規制から事後的チェックへ」という標語が象徴するように、この時期の改革は人事院・総務省による各省への規制を緩和することに力点が置かれたからである。だが、そもそも公務員制度の管理は労働市場の規制ではなく、ここに規制緩和を見出すという発想は、レトリックを通り越してアマチュアリズムと言うしかないであろう。

第二に、安倍内閣下の改革は、天下り禁止という点に固執した改革であった。したがって小泉内閣時代とは異なり、内閣が各省に対してより強い規制を働きかける方向へ転じた。これは、年来の民主党の主張であったため、国会では天下りを本格的に禁止すべきものであるかどうかが議論となり、果たしてそのような禁止を宣言したところで、それが実効的になりうるかどうかという専門的観点はほとんど問題とされなかった。

第三に、福田内閣下の改革は、安倍内閣最末期の諮問機関を中心に改革が進められた。だが、その委員には、公務員制度の専門家も行政法学者も経済学者もいなかった。したがって、安倍内閣の教育改革と共通する「アマチュア型審議会」による改革であったと言うべきである。だが、ここでは、天下り禁止の問題以上に、キャリア・システムの廃絶、幹部公務員人事の一元化、政官接触禁止の是非といった、官僚主導の政策決定を打破するという方向性がより顕著に表れた。すなわち、その実効性についてはほとんど考慮されないということが、改革の特色となったのである。

能力主義の制度化は有効か

とはいいながら、一連の公務員制度改革の基調で一貫していたのは能力主義であった。これまでの公務員制度の下では年功序列がとられ、職員の能力が正当に評価されていなかったのに対して、年齢にとらわれずに職員の能力を評価し、それに見合って大胆な抜擢を図るようシステムを変革すべきであると主張されたのである。

二〇〇一—〇三年の改革では、人事院による「級別定数」の管理を通じた各省への統制を廃止するために、この主張がなされた。人事院は各省の公務員について、給与の等級ごとの定員を設定しており、それが各省から見て大胆な抜擢・降格をする際の障害ととらえられた。既存の定員の枠外に人事上の抜擢をすることは難しく、定員を前提にすれば、誰かの抜擢は誰かの降格を伴うことになるからである。この級別定数を廃止すれば、人事院の統制を脱して各省ないしは大臣が柔軟に省内の人事を進められると考えられたのである。

また安倍内閣以降の改革では、閉鎖的任用制を廃して民間から人材の登用を図るために、年功序列の打破が主張されたとも言いうる。民間からヘッドハンティングを行う場合に、年功序列の人事は障害になると考えられた。

いずれにしても最大の問題は、こういった能力主義の制度化のみでは、職員にインセンティブを与えられないことであった。また、民間を含めた外部から見ても、それだけで魅力ある職場になるとは言い難い。その結果、一連の改革案は、インセンティブ・システムがあまりに不完全であるため、職員の意欲を減退させたうえ、優秀な大学生が公務員を敬遠し始めたとさえ一部ではささやかれるようになった。

公務員のインセンティブと倫理を再構築するには

これまで自民党長期政権の下では、公務員の職場におけるインセンティブは、一つには国家経営に参画することであり、二つには、それに伴うある種の公《おおやけ》の倫理を自ら体現することにあったと言えるであろう。

前者については、政権交代に伴う公務員のあり方として次節で論ずることにして、ここでは後者を取り上げたい。現在の日本の公務員制度においては、公務における倫理の具体的内容が必ずしも明確ではない。国家公務員倫理法及び国家公務員倫理規程では、禁止規定がその大部分を占め、公益と法令遵守以外の積極的な内容が見いだせない。また、「公務員制度の総合的な改革に関する懇談会」の報告書でも、「国のことを第一に考えて行動する使命感と強い倫理観を持ち、謙虚な誇りと矜持を保つ公務員を養成する」といった内容を示すにとどまっている。

こうした状況を改革するために参考になるのは、一九九〇年代後半以降にOECDで発せられた、公共サービスの倫理に関する諸報告書である。(4) それらによると、第一に、先進諸国では厳しい資源制約下で公務に対して市民から高い要求が突きつけられるため、ほぼ共通して従来以上に高度な倫理が公務に求められている。

従来の日本では、公務員の倫理は自明のものないしは暗黙に官界で共有されるものと考えられてきたため、公務員の間では、近年の諸改革の中でメディアによる「官僚バッシング」が激化した結果、公務員の不祥事が殊更にあげつらわれているにすぎないという受け止め方が見られた。だが、先進諸国での公務員の置かれた状況を勘案すればこうした事態をやりすごすことはできず、適切な対応をとらない限り継続する可能性が高いのである。

第二に、OECDの報告書は、公務への厳しい倫理要求に応えるために、政府が「倫理インフラストラクチャー」を整備することを提唱する。これは、諸々の公務員倫理に関する制度の複合体であるが、日本の現行制度に不足しているものが何かを検討するためには、有益なチェックリストである。

倫理インフラストラクチャーは、政治的リーダーシップの下で、法的枠組みと倫理規範が整備され、これを「調整機関」が管理していくという構成をとっている。だが、注意すべきは、「調整機関」の中には、問題調査、監視、諮問・勧告、倫理の奨励などの諸機能が挙げられていることである。日本の現行制度では、人事院と総務省が主たる「調整機関」となり、国家公務員倫理法・国家公務員倫理規程と、国家公務員倫理審査会が整備されていると見ることができる。これによって問題調査と監視は整備されていることになるであろう。だが、必ずしも整備されていないように見えるのは、諮問・勧告、奨励といった機能である。公務員を取り巻く環境は急速に変わりつつあるが、それに伴い現行の倫理規範がどの程度適切かを調査し、それにもとづいた新しい規範を検討し、勧告するといった機能を能動的かつ恒常的に行う機関が存在していないのが、日本の現状なのである。

調査機関の必要性

その点で参考になるのは、イギリスで一九九四年以降継続的に設置されている「公的生活における規範に関する委員会（Committee on Standards in Public Life）」である。ジョン・メージャー政権下であいついだ閣僚不祥事の結果設置されたこの委員会は、まず調査の前提として公的生活における七原則を整理し、私心のなさ、高潔、客観性、責任性、開放性、誠意、リーダーシップを挙げている。これにもとづいて公的領域の諸分野について順次関係者への聞き取りを中心に調査を進め、委員を適宜交代させながら継続的に検討を続け、現在まで多数の報告書を発表している。その対象は、議員、高級官僚、地方公務員、外郭団体、大臣の私的アドバイザーなど多岐にわたっている。報告書は聞き取り記録を含んでおり、現代イギリスの公共部門の倫理についての諸見解が記録として蓄積されている。さらに、政府の回答もホームページ上に掲載されており、倫理についての検討は、議会も巻き込みつつ継続的に進められているのである。

官僚への国民の視線が厳しい日本でもまた、倫理規範についての継続的な調査が必要であろう。公務員への強い倫理要求は、二〇〇七年の参院選以降の「ねじれ国会」によって、自民党が衆院を、民主党が参院を押さえて両者が拮抗するようになると、ますます強められていった。〇九年以前の政権与党自民党は、政策立案の失敗の原因を官僚に求め、民主党は与党の政策の失敗を官僚の不祥事に求める傾向にあったからである。

だが、民主党政権が官僚を排除して大臣を中心とする政務三役で法案作成を進めようとして混乱すると、政策立案の失敗の原因は官僚に向けられなくなった。官僚への統制は、民主党政権下の行政刷新会議の事業仕分けのように、透明化による市民からの監視へと変わりつつある。

今後政権交代が繰り返され、その過程で政界再編が起こったとしても、与党が官僚への統制を強め、野党と市民が官僚を厳しく監視するという構図は続くであろう。それが、政権交代の時代において官僚に求められる倫理基準となる。これを直接既存の官僚機構が受けとめるのではなく、調査機関が問題のありかを時間をかけて検討し、報告書を提出して、その遵守を政府に求めるという段階を設けることによって、問題の構造的原因が明らかになり、一時の不祥事としてやり過ごすのではなく、より高い倫理を保つ官僚集団を構築することが可能になる。また、バッシングに流れやすい世論も、時間をかけた綿密な分析によって提示された処方箋であれば、冷静に受けとめるであろう。

二　民主党政権以降の改革

政官の権力関係を作り直す

二〇〇九年の民主党への政権交代以後の改革はどのような展開をたどったであろうか。

そもそも二〇〇七年以後続いている「ねじれ国会」が公務員に強い倫理基準を求めるのは、過渡期の産物とのみ考えるべきではない。橋本首相が当初公務員制度改革に意欲を燃やした理由は、細川護熙内閣で下野した自民党が再度政権に復帰した後に、政官関係を整備しなおすという目的を持っていたからである。

安倍首相とその周辺の閣僚が公務員制度改革に強く賛同したのもまた、単に官僚に対して猜疑心《さいぎしん》を持っていたからではなく、村山富市内閣以降政権に復帰した自民党と官僚との関係に少なからず疑問を持ち、二〇〇一年の省庁再編と小泉内閣によるその制度整備後に初めて新しく内閣を組織する中で、政官関係を再構築する必要性を感じていたからでもある。つまり、現在の公務員制度改革は、強い倫理要求の中で頻発する不祥事への事後的対応だけではなく、細川内閣・村山内閣の成立という部分的な政権交代の局面で、政と官の権力関係を新しく作り直すという動機を含んでいたのである。

ところが、この動機は必ずしも改革を推進する側に共有されていないように見受けられる。細川内閣から橋本内閣まで、閣外協力も含めると継続して新党さきがけが与党であり続け、選挙によって少数政党が過半数政党になって政権を組織するという意味での政権交代は生じず、政党連合の組み替えが続いた。こうして、政権交代による与党と野党との明確な役割の交代が起こらなかったため、政権交代の意義がいまだ不十分にしか認識されていなかったのである。

第一に、公務員制度改革という改革課題の設定が、誤解を招いていることである。そもそもキャリア・システムの廃止、天下りと幹部公務員人事の一元管理という国家公務員制度改革基本法の内容は、国家公務員法の規律する公務員制度の改革ではない。各省の人事慣行の問題なのである。

第二に、改革が、政権与党からのみ進められており、政権の側からは、与党からの官僚への統制強化という文脈が特に強調されている。野党もまた、与党が官僚に支配されていることを示すことで、その統治能力を批判するという手法に執着している。将来自身が与党になったときに、どう官僚を統制するかという展望を持っていないのである。

与野党と官僚とのありうべき関係

しかしながら、一九九〇年代の政治改革の目的は、選挙によってかつての与党を破った新しい与党が政権を組織するという意味での政権交代を成立させることであった。二〇〇七年の参院選と〇九年・一二年の政権交代以降、政権交代が起こることを前提に改革を構想する必要に迫られる中、改革は、現在の与党のみならず、将来の与党から見た政官関係の制度設計をも組み込んだものでなければならない。

現在求められているのは、与党と野党が官僚機構を共同で統制することであり、官僚の側は、現在の与党に対しても将来の与党に対してもそれぞれ能動的に仕えることである。官僚は現政権のみに忠誠を誓い、現在の野党と終始敵対するわけではなく、野党が政権に就けば、現政権と同じように仕えなければならない。そのときどきの政権に従いながら、長期的には政治的中立性を保つことが公務員制度には求められるのである。

確かに二〇〇八年の基本法制定では、徐々にではあるが、与野党が改革の中で漸進的に協力関係に立ち始めた(5)。着目すべきは、そこから立ち現れた、天下り人事と各省幹部人事の内閣における一元管理という改革案である。これは、政治による官僚制への統制でもあるが、むしろ政治に対して公務員集団が中立を保つための仕組みともなりうるからである。大臣が省の官僚に対する人事権を持つという意味での各省のセクショナリズムを本格的に打破して、一体的な公務員集団になることは、官僚制が政治に対して中立性を保つための条件である。政治は選挙とマニフェストによって、官僚制を総体として統制しようと努め、公務員集団の側はプロフェッショナリズムによって、政治的中立性を保ちながら政治と良質な競争関係に立つ。これこそ、今後の公務員制度改革の基調にすべきなのである。

民主党政権の改革の内容

労働組合を重要な支持基盤とする民主党政権は、公務員への労働協約締結権の付与を掲げ、他方で公務員人件費削減のマニフェストを達成するため、国家公務員給与特例法案の準備を進めた。さらには自民党政権時代に設置された官民人材交流センターと再就職等監視・適正委員会を廃止し、人事公平委員会に機能を吸収するなど、若干の修正を経つつも、幹部職員人事の一元化・弾力化を維持した法案の国会提出を目指した。二〇一〇年に国会に提出した公務員制度改革関連法案は廃案となり、一一年の通常国会では、さらに検討を重ねたうえで法案が提出された。ここでは、幹部職員人事を一元化・弾力化し、労働組合に協約締結権を付与し、人事院・人事院勧告制度を廃止し、かわって公務員庁を設置するとした。また、内閣総理大臣の所轄の下に人事公平委員会が設置され、公平審査などが行われると規定された。これもまた国会を通過させられず継続審議となった。

他方で、二〇一一年に提出された国家公務員給与特例法案は一二年二月に成立し、二年にわたって国家公務員給与を平均七・八％削減するものとした。労働組合は民主党政権に対して、給与削減と協約締結権獲得とは一体のものであるはずと反発を強めたが、一二年の政権交代で自民党が政権に復帰したため、労働組合の要望が国会審議で容れられる可能性はきわめて低くなった。

第二次安倍内閣は、今後の公務員制度改革の在り方に関する意見交換会を設置し、問題の整理を図っている。二〇一三年七月の参議院選挙で自民・公明両党が過半数議席を確保すれば、公務員制度改革関連法案の国会通過の展望が開けるが、ここでどの程度実務的な問題点を整理した改革案が登場するかが問われている。

改革の要因――①バッシング

以上の過程は多分に錯綜しているが、制度改革を進める要因として、第一に官僚・公務員バッシング、第二に専門主義すなわちプロフェッショナリズム批判、第三に政治からの統制、第四に人事院のような中央人事行政機関の独立性への批判という四つの系譜を抽出することができる。民主党政権以降、これから先の改革の妥当性を判断するために、これらについて順次検討してみたい。

第一に、官僚・公務員バッシングについてである。一九九〇年代とりわけ大蔵省不祥事によって特権的な官僚に対する強い批判が巻き起こり、それは省庁再編などの行政改革を生み出した。バブル経済が破綻し、デフレが進行する中で、公務員が既得権を目に見えない形で保持しているという主張は、国民の支持を得るために政治家が常用する手法であった。二〇〇九年以降の民主党政権は必ずしもこの論理を強調しないが、代わって橋下徹のように一部の地方自治体の首長が、官僚批判を再び声高に主張し始めた。

もっとも、民主党政権が政治主導を掲げ、官僚の補佐を排して失敗を重ねた結果、政策の失敗を官僚に帰するという意味でのバッシングは影を潜めた。今後、官僚への民間とのバランスを失した優遇措置や、あからさまな不祥事が出ない限り、一部の政治家がバッシングを行おうとしても世論の支持がそのまま得られるわけではない。

やはりバッシングを改革の動機としていては、官僚・公務員の側からは当座をやり過ごすという発想しか生じなかったと言うべきであろう。恒久的な制度設計とは結びつかないのである。そのため、公務員制度改革は別の論理によって、絶えず補強される必要がある。

改革の要因——②専門家批判

第二に挙げられるのは、政策立案・行政サービス供給の専門家としての公務員への批判である。そもそも専門家への不信感は二〇〇〇年代に入ってから強まり、東日本大震災における原子力発電所事故によって極大化したように思われる。不祥事、既得権、メディア報道、政治家からのバッシングといった表面的な現象がその原因に見えるが、情報公開とＩＴ化による政府情報の国民への浸透という契機は看過できない。かつてと異なり、ウェブを利用することで、一般の国民でも専門知識を身につけることができるし、それをどう読み解くかについてもウェブの解説を追うことで、概容をある程度つかむことができるようになってきた。それにより、市民が政治に対して成熟していくのである。

他方で、震災後の一部の原子力関連報道に見られたように、専門家の主張の不確実な面を強調することで、不安感が煽《あお》られることもありうる。いずれの場合も、専門家が専門知識を独占できず、その専門知識の不確実性が、勉強を続けたアマチュアとほぼ同質に受け取られ始めたのである。

このようなプロフェッショナリズム批判にもとづき、第一次安倍内閣そして大阪府・市などでは教育界批判が繰り広げられ、教育制度を政治の統制下に置こうとする制度設計が提唱されている。ここでは、もっぱら産業界からの教育批判が取り入れられているが、同様に公務員制度改革でも、公務員制度の専門家以外の分野とりわけ「民間」ないしは経済界からの議論が素朴に制度改革の理論に取り入れられようとしている。経済界では市場競争に勝ち抜くことが制度として正当化されるが、その制度を公務員制度改革にも導入したところで、公務員が競争にさらされるわけでもなく、実効性が保障されるわけでもない。そのため粗雑な制度設計と言うしかないが、それを批判する公務員制度の専門家は、専門家であるがゆえに信頼されない。かくして、実効性を度外視した制度構想が法案になっていくというのが、プロフェッショナリズム批判の帰結である。

もっとも、第二次安倍内閣の今後の公務員制度改革の在り方に関する意見交換会では、毎回出席するアドバイザーは公務員制度の専門家である。これが「委員」ではなく、「アドバイザー」とされている点には、政権が今なおアマチュアリズムに傾斜する余地が示されている。二〇一三年七月の参議院選挙で与党が過半数を確保したとすれば、そのときに、プロフェッショナリズムへの反発にこだわるアマチュアリズムに振り回されることなく、政権がどう専門家の意見を吸収して、実効的な法案を作成できるかが問われるのである。

改革の要因——③政治からの統制

第三に、政治からの統制である。一九九〇年代型改革は統治機構改革であり、そこでは、内閣機能の強化という作用と、地方自治体・中央銀行など統治を担う各機関の独立性が強化されるという作用があった。やはりこの中から生じた公務員制度改革においては、政治家による官僚の統制が強調された。自民党政権下では、大臣による官僚の降格を可能とする構想が模索され、さらには幹部人事の一元管理が主張された。民主党政権下では、「政治主導の確立」がその制定理由となった。

しかしながら、自民党政権による官僚への統制の確立に対して野党民主党は警戒的であり、逆に民主党政権による官僚への統制の確立に対して野党自民党は警戒的であった。二〇〇七年以降の参議院での少数与党という「ねじれ国会」のもと、現政権の官僚統制強化に野党が反対するという構図が法案成立を妨げてきた。

また、二〇〇九年までの自民党政権は政策の失敗を官僚の失策に帰する傾向があり、構造的な官僚不祥事に際して歴代大臣が責任をとることは皆無であった。他方で民主党政権は、官僚への警戒感から、政策立案をすべて政治家が行おうとして迷走をきわめ、官僚の適切な補佐を得た政策形成に最後まで成功しなかった。いずれも、自民党長期政権の機能不全に起因する問題である。これまでの公務員制度改革は、混乱の中から新しい仕組みを構築することに、いまだ成功していないのである。

改革の要因——④独立性批判

最後に、制度の独立性への批判である。一九九〇年代型改革は内閣機能強化とこれに相反する独立機関強化という趨勢によって進められた。だが、中央人事行政機関としての人事院の独立性については否定的であった。

これは、人事院の独立性が、公務員の労働基本権の制約を代償する点によって保障されるという、いささか消極的な理由によるものであり、プロフェッショナリズム批判の中で積極的な改革が提唱されるときに、それへの抵抗力を持ち合わせていないことが原因である。

にもかかわらず、政権にとり、公務員制度改革を進める場合に、制度設計の専門知識において、総理府・内閣府・総務省では十分とは言えず、人事院の助力が欠かせなかった。改革に対して消極的な人事院を協力させなければならないディレンマは、直截《ちよくせつ》な人事院廃止論を生み出す土壌となっていたといえる。

しかしながら、人事院は、公務員の労働基本権制約の代償のみならず、幹部公務員の政治的中立性を担保する制度基盤でもある。官僚は自民党政権下で、与党の中核として政策形成と政治的・行政的調整を担っていたが、二〇〇九年以降政権交代が常態化するとすれば、与野党双方に対して適切な距離を取る意味での政治的中立性は不可欠になっている。そのための基盤になる人事院のような中央人事行政機関を廃するのであれば、官僚の行動規範に政治的中立性が担保されるため別の制度的枠組みが必要になるであろう。

自民党による統治からの脱却

二〇〇九年の政権交代によって、自民党長期政権が終焉を迎えた。民主党政権が情報公開を進めた結果、官僚制が不透明であるがゆえに非難されるという状況がなくなりつつある。さらに橋下徹大阪市長と維新の会の組織化は、選挙区に根ざした第三極の可能性を開き、一二年の自民党・公明党への政権交代以後、民主党のみが自民党に代わる政党であるとは限らないことも明らかになった。こうして、〇九年以前の統治の仕組みが随所で漸進的に解体し始め、自民党政権時代に端を発している現在の公務員制度改革の課題も変容せざるを得なくなった。

第一に、二〇一〇年の参議院選挙で民主党が大敗した後には、政権は「社会保障と税の一体改革」のように改革をアドホックに「一体」化し、これに対して野党は、別の改革課題と「一体」化させた対案を提示するという傾向が生じていた。公務員制度改革は、この種のカップリングがいかようにでも可能であるため迷走してきた面もある。無用な「一体化」を行わず、冷静に公務員制度の改革を検討する必要がある。

だが第二に、公務員制度改革について与野党協議を通じて合意が形成されるとすれば、与党による官僚への統制力強化に野党が合意したことを意味し、与党がどの党であれ官僚との関係については、一定の型が共有されていくことにつながる。それは、公務員制度が政権交代の時代へ移行するための、重要な一歩である。

国家公務員制度の未来

しかしながら、問題はそこでの制度設計が実効的なものになるかどうかである。仮に新制度が発足したとしても、それを有効に作動させるには、与野党と官僚制の協力が不可欠である。ここで重要なのは、政治的統制の下に置かれた官僚制は、政治に服従するのではなく、政治から距離を置いた中立性の下で、一定の裁量権限を事実上持たざるをえないことである。政権にとっては、そのときにはじめて官僚の専門知識を生かした有効な政策形成が可能となるからである。

ここでは、政党と官僚制は一種の緊張関係をもたざるをえない。自民党長期政権下では、自民党と官僚制の間で安定した関係が構築され、その際の官僚制はもっぱら省庁ごとの縦割りの機構であった。「改革の時代」の官僚制は、いくつかのネットワーク型の組織が政策決定をめぐって競合するという態勢に変わりつつあった。これに対して、政権交代の時代においては、与党・野党が合意する枠組みの中で、官僚制は与野党のゆるやかな連合と向き合う。そのためには官僚制自体が縦割りを越えて統合される必要がある。

すでに、一時に比べて省庁間対立は激化・膠着《こうちゃく》化しなくなっているように見受けられるが、これがさらに制度化を遂げることになるであろう。公務員制度の一体性という意味では、中央人事行政機関はその要となるのかもしれないし、それとも前章で述べたように、より実質的に内務省系省庁と財務省といった有力省の連合によって代替されるのかもしれない。

国家公務員制度が長期的にたどるべき姿は、このような過程である。現在の改革はまだ古い装いをまとっているし、官僚バッシングとアマチュアリズムは当面、あるべき公務員制度を具体的に設計する際の障害となって立ちはだかるであろう。望ましいのは、政と官の実態について、国民に理解が浸透することである。民主党政権の進めた情報公開と、それによって我々が知りえた政権迷走の原因は、政府機構の作動に対する国民の理解をより深めるであろう。

無用なバッシングとアマチュアリズムが克服されたときに、制度改革の障害が取り除かれる。国民の目を引くだけで実効性の不確かな改革案を出すではなく、政権交代の時代に必要な制度設計を冷静に行える環境が整うのである。

第六章 進化する政権交代

圧勝を示す多くのバラを背に、記者会見する民主党の
鳩山由紀夫代表（2009年8月31日撮影　写真：時事）

当選確実となった候補者の名前に花を付ける
自民党の安倍晋三総裁（左から3人目）と石破
茂幹事長ら（2012年12月16日撮影　写真：時事）

一　二〇一二年の総選挙と自民党の政権復帰

政権交代の「進化」とは何か

二〇一二年の総選挙では自民党が二百九十四議席を獲得して圧勝し（次ページ図）、公明党と連立を組んで政権に復帰した。〇九年の民主党政権の成立に続いて、少数野党が選挙で勝利して政権を獲得した。つまりは日本の政治史上、二度目の本格的な政権交代が実現したのである。公示前に小沢グループが離党したことで二百三十一議席であった民主党は五十七議席に激減した。

もっとも、比例区での自民党の得票が伸びなかったことや、かつて首相として国会審議途中で辞職を表明した安倍晋三総裁への不満は根強いことから、当初は民主党政権の失政への批判票が作用したと見られた。首相に就任した安倍は、第一次内閣に顕著だった高姿勢と劇的な政策転換を封印し、もっぱらデフレからインフレへの転換を目指す経済政策による景気浮揚を政権の看板に掲げた。結果として円安と株高により企業業績が急速に回復し始め、内閣は高い支持率を得た。政権による政策の全面的な転換は、二〇一三年七月の参議院選挙以後に予定していると言えるであろう。

マクロ経済政策以外は慎重な政策形成を行った安倍内閣の最初の百日間は、発足当初から迷走を繰り返した民主党政権から学習した結果とも言える。政権交代が続くことで、当面は予想しうる混乱が生ずる事態を避け、政権を長期化するための戦略を静かに練るという姿勢が登場した。次なる政権交代――あるいは選挙ではなく、政党の離合集散による内閣交代の可能性もあるにせよ――では、今回の自民党の対応を学習した政権が登場することも十分想定される。もちろんそれは自民党以上に慎重な対応を取る政権かもしれないし、あるいは今回の自公連立内閣の比較的堅実であった発足過程を批判して、これとは全く異なる大胆かつ全面的な転換を標榜する政権かもしれない。

　このように政権交代が繰り返されることで、次第に以前の政権の在り方を咀嚼《そしゃく》し、自らの在り方に生かす政権が登場するようになる。こうした状況を、本章は「政権交代の進化」ととらえてみたい。

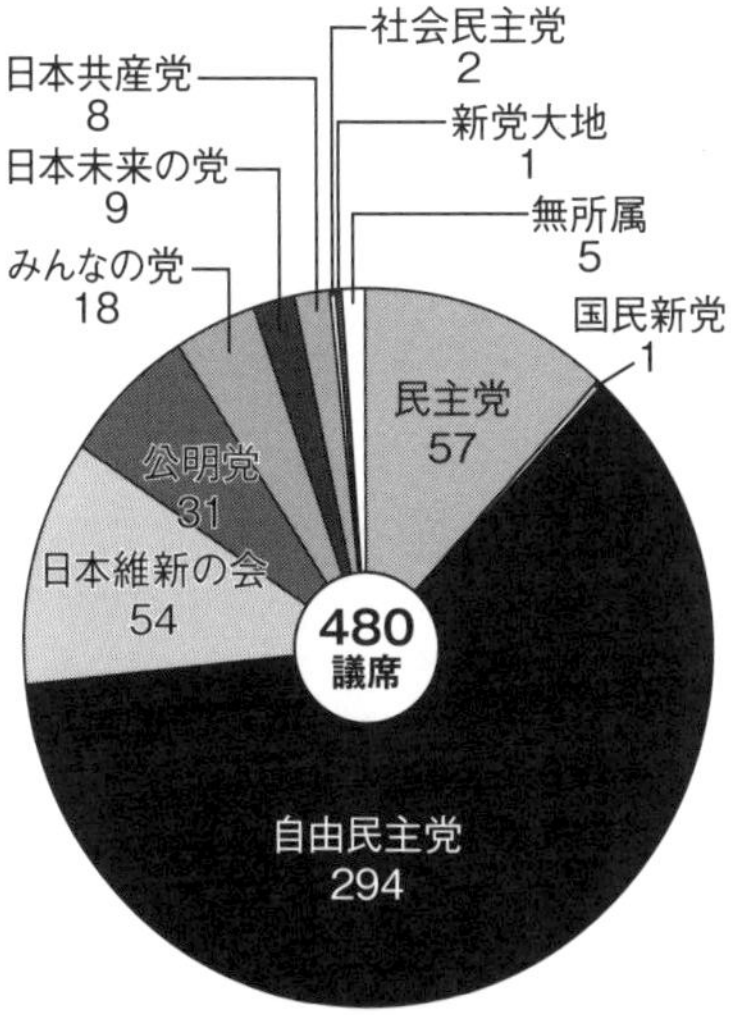

第46回衆議院議員総選挙の結果
（2012年12月16日投開票）

　確かに、二〇一二年の総選挙の敗北で民主党はアイデンティティを見失い、今後与党となる可能性を失ったかのように見える。第三極もまた結成後間もない組織にありがちな混乱が目立ち、自民党にのみ政権担当能力があるかのような現状では、政権交代は失敗が常態であり、このまま自民党がかつてのように長期政権を維持すればよいとさえ思えなくもない。

　だが、長期的に見て、激動の内外の状況

下で長期政権がそのまま永続するとは考えられない。逆に、与党であれ野党であれ、将来、選挙での勝利によって政権を得る見込みがあるととらえるならば、過去の政権交代を振り返って、将来の政権戦略を打ち出す態勢を整えるようになる可能性は十分ある。かつてのように、自民党にのみ政権担当能力がある中で、党内有力政治家の交代によって新陳代謝を図る時代ではなくなった。自民党のみならず、多数の政党が政権をめがけて組織を整え、政策プログラムを作成する――いわば政権担当能力をめぐる政党間競争が始まったのである。

いうまでもなく、競争があるからといって、良質な商品やサービスが登場するとは限らない。どの党も陳腐な政策プログラムしか登場させられないのに、政権交代が起こってしまうこともあり得る。実際に二〇一二年の総選挙前の自民党・民主党の政策の準備不足と公約の軽さはこうしたケースと言えるであろう。

だが、個々の政党のそのときどきの充実ぶりとは別に、政権交代の仕組みそのものを根づかせることも可能であり、また必要である。政党組織が確固としていない限りこうした政党間競争は無意味であるという評価も可能だが、具体的な政策をめぐる政党間競争を一律に切り捨てるのではなく、各党が提唱する政策を評価する枠組みもまた重要であり、それによって日本における民主主義を強固にする道筋を確かなものにすべきである。政権交代が起こりうる状況で必要なのは、政権交代が進化するための条件整備である。それはまた各党が政権の維持・奪取に向けて組織化を進めることを促進する効果を持つであろう。本章では、アメリカ、イギリス、オーストラリアの事例と比較しながら、その具体的方策を提示していきたい。

一党優位政党制下の政権の「進化」

政権交代の「進化」は、今の日本では実感されにくい。そこで、自民党一党優位政党制下での政権の「進化」と、二〇〇九年以降の政権交代の「進化」とではどう異なるかを考えてみたい。

かつての自民党政権の下では、個々の議員は当選回数に応じてしかるべき党の役職や政務次官・大臣といった政府の役職を与えられ、これを的確に処理することによって政治家にふさわしい能力を身につけ、より重要な役職を得た。

次に、個々の議員は派閥に属した。派閥の中で議員は政治家としての作法を教えられ、その知見を増やした。また派閥の領袖が代替わりしたり、あるいは田中角栄や竹下登が派閥を作るときに元の派閥を分裂させたりしたように、派閥は領袖の代替わりや分裂によって、ダイナミックに変わっていった。

さらには、総裁の選出によって首相が交代し、各内閣がその時々の施策を成し遂げて役割を終えた。自民党政権は一九七〇年代までしばしば「一内閣一施策」という言葉で表現された。鳩山一郎内閣の日ソ国交回復、岸信介内閣の日米安保条約改定、池田勇人内閣の高度経済成長、佐藤榮作内閣の沖縄返還というように、各内閣はその代表的な施策によって特徴づけられた。これらは、歴代内閣が次々と主要な施策を処理していくべきであること、またそれが可能であったことを表していたのである。

こうして、個々の議員が成長し、派閥と内閣が新陳代謝を果たすことによって、自民党は時代に適応していくと思われた。これは年功序列の人事をとる企業に近い。社員は徐々に上位のポストを得て、そこでは一定の派閥が形成され、社長の椅子をめぐって闘いが繰り広げられる。だからこそ、多くの人々にとり、自民党政権は理解しやすかったのであろう。

政権交代下の政党の変化とシステムの「進化」

これに対して、政権交代ある政治システムの場合は、政権交代を節目に、政党が徐々に変化することが期待されている。それも、政権交代後、次の政権交代の直前、そして新政権誕生の後、という三つの局面で、変化の質が異なるのである。

政権交代により下野した野党を軸にこの三局面をたどってみよう。

野党に転落したかつての与党は、捲土重来《けんどちょうらい》を期し、新しい時代に合わせて政策を練り直し、党組織を再建することが不可欠である。これには長い時間を必要とするのが通例である。なぜならば、転落した野党は、新しく政権についた与党のパフォーマンスをふまえた上で、それとは異なる独自の戦略を案出する必要があるからである。政権交代とは、まずは与党がイニシアティブをとって変化を進める過程なのである。

次に、この与野党が入れ替わる瞬間を摩擦なく支えるのが、政権移行の諸制度である。政権獲得前の野党の官僚との接触や、政権移行チームへの財政支援など、諸外国はその仕組みを徐々に改革している。これらを通じて、野党はマニフェストを従来の政策や既存の制度とすりあわせていく。少なくとも、マニフェストの項目のうち、すぐに実施できそうなものを絞り込めるのである。

そして、政権交代後、かつての野党は与党となり、その方針に沿って政策を決定し、実行しようとする。イギリスであれば、議員は通常の議員活動に加えて、野党時代に「影の内閣」閣僚ポストなどで政権をうかがい、政権獲得後は内閣閣僚ポストで手腕を発揮することが求められる。いわばOJTを短期で終え、政府の現場での業務で手腕を発揮しなければならないのである。

つまりここでは、政権交代という時点をめがけて各政党がたえず自らを刷新していくことが期待されている。各党は野党時代に準備を重ね、政権交代の前後では短期で与党の環境に慣れ、政権交代後長期にわたって政権を掌握することで政策の刷新を図る。この三つの局面が繰り返されることによって、システム全体の「進化」が期待されているのである。

竹下登とピーター・マンデルソン

一党優位政党制と、政権交代ある政治システムとの間の「進化」の違いを具体的に見てみよう。自民党政権の「進化」を制度化したのは竹下登である。竹下は、各議員が就任したポストを頭に入れ、長い人生行路を通じた議員の成長を冷徹に比較し、短期で終わった大臣についてはもう一期務めさせる「損失補塡」を必要に応じて行うなど、バランスをとるように努めていた(1)。竹下は選挙区での候補者の状況を細かく記憶し、官僚の年次もそらんじた。首相経験者の中曾根康弘がリクルート事件後、影響力を喪失し、竹下派のもう一人のオーナーであった金丸信が東京佐川急便事件で政界引退を余儀なくされる中、竹下は自民党内で強い影響力を保ち、党外では公明党や新党さきがけの武村正義らと信頼関係を確立することで、(2)二〇〇〇年に死去するまで政官界の最終的な裁定者として君臨したのである。

他方、イギリスで一九七九年から十八年間続いた保守党政権を野党・労働党の側から見つめていたピーター・マンデルソンは、盟友のトニー・ブレア、ゴードン・ブラウンとともに政権交代を果たしたときに、事実上一期で終わった七〇年代の労働党政権を反省して、二期続けて政権を維持するにはどうすればよいかを選挙直後から考えていたという。(3)

野党時代には政権獲得に向けた選挙戦略と政策の熟成を進め、与党になったときは政策の実現と政党の絶えざる刷新によって来たる選挙をくぐり抜けようとする。このきわどい闘いこそ、政権交代ある政治システムの進化のために、各党に課せられた課題なのである。

両党の停滞

だが、二〇〇九年の民主党政権下で生じたのは、民主・自民双方の混乱と停滞であった。まず、民主党政権下の鳩山由紀夫、菅直人の両首相は、自民党からの「政権交代」を意識するあまり、ことさらに、また性急に自民党とは異なる政治スタイルを打ち出そうとした。それによって自民党政権時代の政治が急速かつ全面的に改革されることを、漠然と期待していたのであろう。だが、官僚を排除した「政治主導」、日米関係の軽視など、周到に準備されないまま重要政策の転換が宣言され、それでいて政策の実質的な決定は先送りされて、首相発言も迷走を極めた。

選挙の瞬間に与野党議席が逆転し「政権交代」が起こることと、選挙後に「政権交代」後の体制を安定させることとは全く別である。民主党もマスメディアも、前者に成功することは想定できても、後者が何かを全く想像できていなかったといえよう。

同じことは政権交代で野党に転落した自民党にも言える。野党の地位に身を置くことと、そのまま与党としての統治能力を保ち続けることとは、全く別である。小泉純一郎内閣以後の自民党政権は混乱を極めていた。その後の自民党は、過去の政権の混乱を克服したとは言えない。その象徴が、かつて混乱を引き起こした首相である安倍の総裁復帰であった。現在の安倍内閣がマクロ経済政策以外に慎重な政策転換を図ろうとしているのは、野党時代に周到に政策転換を準備してこなかったことの表れでもある。

このように考えると、民主党政権下で政治が停滞・劣化しているように見えたのは、単に日々の政治が混乱していただけではなく、自民党一党優位政党制の下では実現していた「進化」の形跡がどこにも見られなくなったからである。二〇一二年の総選挙後、第二次安倍内閣が発足した後に多くの新聞・テレビがこぞって安倍内閣を礼賛し始めたのも、自民党政権に戻ればかつてのような「進化」が再び始まり、それを前提に紙面やニュース番組を組み立てていけばよい、と考えているからであるように見える。現実の与野党に「進化」の兆候が見られないために、政権交代の中で政党が「進化」する道筋を想像することができていないのである。

二　進化のための条件

総選挙の理想像

二〇〇九年、一二年の政権交代を経て、すでに政治は不可逆の変化の中にあり、元には戻らない。与野党とも、自らを進化させていく必要がある。民主党政権下では、末期に若干の進化の形跡もうかがえた。自民党が民主党のようにマニフェストを作成し始めたこと、民主党が、野田佳彦内閣となってからは内閣への政策決定の一元化ではなく、自民党に類似した政務調査会ないしは党三役による国会提出法案の事前審査制を導入したことである。

もちろん、いずれも単に互いを模倣するだけでは失敗するであろう。現在の与党自民党は、独自のマニフェストづくりの仕掛けを考案しなければならない。他方で、民主党であれ第三極であれ非自民の野党は、政策の機動的な決定に資するよう、与党となったあかつきには官僚組織を使いこなさなければならない。本来望まれる当面の総選挙とは、したたかな与党となりうる地点にまで進化した非自民の諸党と、長期政権時代の与党の欠点を消化したうえで、新しい時代に即した「闘う野党」にも、政策転換を進める「与党」にもなりうる地点にまで脱皮した自民党との、つばぜり合いなのである。

米英豪における政権移行制度

だが、それには与野党の自己改革だけでは足りない。政権交代を政治システムの下に組み入れているアメリカやイギリス、さらにはイギリスの政治制度を取り入れたオーストラリア、ニュージーランドなどでは、新政権を円滑に発足させるために、政権移行の過程がルール化されている。しかもそれらは選挙の度に再検討され、必要に応じて改正されてきた。つまり、状況に合わせて絶えず「カイゼン」が行われてきたのである。

アメリカでは、大統領選挙後、次期大統領・副大統領は、政権発足までに政権移行チームを組織することとされているが、この過程については一九六三年に大統領政権移行法が制定され、新大統領のチームと退任する大統領のチームの双方に財政支援がなされることが規定された。六二年以前は新大統領、政党、ボランティアによって移行の努力がなされていたものの、旧政権と新政権との間のコミュニケーションは極めて乏しかったという。だが、六一年のケネディ政権の成立時、新旧大統領双方が政権移行に多大な費用を要したため、大統領に就任後、ケネディは連邦政府の支援を制度化するための法整備を宣言した。これにより法律が制定されたのである。

政権移行の重要性が認識されたため、法律は新大統領の登場と時代状況に合わせて順次改正されて今に至っている。とりわけ一九八八年には「大統領政権移行円滑化法」が制定され、連邦政府からの政権移行チームへの補助額が増額される一方で、チームの構成員は公的に発表されるよう規定された。また二〇〇〇年の「大統領政権移行法」では、新大統領は就任以前に連邦政府高官の選定について、連邦政府内の移行担当部局の支援が得られるという改正が行われた。(4)

イギリスでは、一九六四年のアレック・ダグラス－ヒューム首相時代の総選挙の際に、野党の労働党が投票日前に官僚と接触することを認める措置がとられ、以後これは慣例となり、「ダグラス－ヒューム・ルール」と呼ばれるようになった。さらに、九二年の総選挙の際には接触期間を延長する要求が野党の労働党から出され、ジョン・メージャー内閣に部分的に受け入れられた。九二年の選挙での敗北後、労働党党首のニール・キノックは、投票六カ月前という従来の接触期間を大幅に延長するよう要求し、メージャー首相は九六年一月からの接触を認めた。これは、下院議員の任期終了の十六カ月前であった。

これが、一九九七年の総選挙に際してトニー・ブレアを党首とする野党労働党にとり、政権交代のために有利な条件となった。九七年の保守党から労働党への政権交代で、新政権の閣僚には大臣経験者が皆無であり、十八年間保守党支配が続いたために現役官僚の大多数が政権交代を経験したことがなかったにもかかわらず、円滑な移行が成し遂げられたのは、こうした伝統の蓄積があったからこそである。(5)

またオーストラリアでは、「選挙管理」の過程について憲法慣習（caretaker convention）が存在し、これについて選挙のたびにガイダンスが明文化され、随時改正されている。この内容は、議会の解散から総選挙後新政権が発足するまでの内閣と官僚制の行為規範を定めたものであり、ダグラス－ヒューム・ルールのように、選挙前数カ月の期間を対象としてはいない。とはいえ、連邦制をとるオーストラリアでは、州でも同様の規範が制定されており、それらは絶えず比較に付され、相互にさらなる改革を促しているのである。(6)

このように、アメリカにせよ、イギリス、オーストラリアにせよ、円滑な政権交代を果たすための制度はたえず改善が図られているのである。もちろんこれらの国では、政党はそれぞれ政権獲得に向けて、党大会における綱領の変更、党首選出方法の改革、公約ないしはマニフェストの作成などについて、様々な工夫を行ってきた。これに加えて、政権交代時のルールもまた検討されていく。かくして、政権交代の仕組み自体が進化していくのである。

今、日本で必要なのは、与野党の次期総選挙に向けた準備だけではない。与野党・議会・行政に共通する政権交代のルール形成を含めた全過程について、一つ一つ改善を図り、日本政治における政権交代を進化させていくことなのである。

移行ルールを提言する機関

さしあたりヒントとなるのは近年のイギリスにおける政権移行に対する継続的な検討と提言である。二〇〇八年に設立されたインスティチュート・フォー・ガバメントというシンクタンクは、政治的中立性を掲げて、元ジャーナリストが長となり、退職した元官僚をも顧問としている。このシンクタンクの主たる課題はまさに、政権交代を円滑に進めるための制度の提案なのである。

ここでの政権交代に関する多数の報告書を整理すると、第一に政権移行そのものについての検討、第二に政権発足時の政策形成と省庁再編についての検討、第三に政権獲得以前の野党時代の政策形成という三つの柱が重要である。いずれも、二〇一〇年までに下院の総選挙が行われる直前、つまり一九九七年以来の労働党政権から保守党政権へと政権交代が起こる可能性が次第に高くなっていた時期に検討が着手されている。ここには、来《きた》る政権交代への準備を進めるという目的があった。

また実際に二〇一〇年の総選挙では、過半数議席を確保できなかったものの保守党が第一党となり、自由民主党との間でデイヴィッド・キャメロンを首班とする連立政権を樹立した。インスティチュート・フォー・ガバメントは、政権発足後の政策形成を検証し、また政権がリーマンショック以後の金融危機とデフレの中で行き詰まり始めると、再び次の政権交代を見越しながら、野党がいかなる政策形成の準備を行うべきか検討を開始しているのである。

報告書はいずれも、戦後のイギリス政治史から政権交代の局面を取り出して、与野党がいかに対応したかを検証している。そのうえで、とりわけ一九九七年以降の労働党政権については関係者へのインタビューにより事例が多角的に叙述されている。

政権交代における方針

まず、政権移行の検証である。ここでは、二〇〇九年に包括的な報告書が発表され、キャメロン内閣発足後の一一年には、労働党政権からの移行過程を検証する報告書が発表されている(7)。

政権移行とは、①野党時代の政策形成の準備、②官僚側の準備、③選挙前の野党と官僚との接触、④選挙キャンペーン、⑤選挙結果による政権の交代、⑥政権発足後数カ月間、という六局面に分けられる。重要なのは③の野党と官僚とが接触する局面からである。野党が政策形成の準備を進め、官僚は新聞や演説などから野党の政策形成過程の情報収集を進め、規定の日時から両者の接触が開始される。

この日時はその時点での首相が決定し、事務次官など幹部クラスの官僚と「影の内閣」閣僚とが接触するが、官僚は原則として聞き置く形をとり、積極的な助言は差し控える。限定されたメンバーによる抑制された意見交換の場となっているのが現状である。そして選挙キャンペーンの期間中は、野党の候補者は選挙運動に多忙であるため官僚との接触を頻繁には行わず、官僚の側が野党から得た情報をもとに、新政権への準備を進める。

選挙の結果、政権交代が起こると、イギリスの憲法慣習では、敗北した与党党首は翌日には官邸から退出し、選挙で勝利した政党の党首が国王の任命を経て新首相として官邸に入る。短時間で組閣を終えなければならない新首相にとり、閣僚に所掌事務をどう配分するかが重要な課題である。その所掌事務に合わせて省庁再編が行われる可能性があるからである。

そして政権発足後の数カ月間では、選挙での勝利による高揚感の中で、大臣はしばしば新政権の特色を早期に打ち出したい欲求に駆られる。しかし、大臣職に習熟していない政治家と新しい閣僚集団の行動様式に不慣れな官僚たちとが協力しつつ政策転換を進めるには、相当の時間を要する。政党と官僚双方が十分に事前に準備をすることによってのみ、この時間を短縮することが可能になるという。

以上を踏まえて、報告書では次のような提言をまとめている。①野党党首は与党になったときの政策面での準備をより真剣に行うべきこと、②野党と官僚との接触については、その開始時点を明確にすべきこと、③接触の監督は首相ではなく官僚の長である内閣秘書官（Cabinet Secretary）が行うべきこと、④各省事務次官のみならず上級スタッフも接触に加わるべきこと、⑤政権発足時には新任大臣は時間をとって政策の準備を行うこと、⑥首相は事務の停滞を招きがちな省庁再編には十分注意することである。

さらに二〇一〇年の政権交代に際しては、〇九年の報告書の提言がどの程度実施に移されたかを検証している。保守党の政策形成の準備が比較的順調であった反面、連立に参画した自由民主党では政策形成が十分には進まず官僚との接触も少なかった。また連立合意の形成に際して、その実効性を担保するための官僚の役割は大きかった。しかしながら、多くの大臣が初めて大臣を経験するため、事前の準備にもかかわらず、政権発足後、大臣・官僚双方がゼロベースで準備を始めるケースが見られた。なお、首相は大胆な省庁再編を控え、前政権の省庁体制をかなりの程度継承しつつ、新政権を運営したという。

これらを見渡したうえで報告書は新しく次の提言を行っている。①二大政党以外の党も政権移行の準備を入念にすべきこと、②各党の準備状況を前に行政の側は省庁横断的に対応方針を決定すべきこと、③選挙十二カ月前を野党と官僚の接触開始時期とすべきこと、④野党は外部のコンサルタントや官僚経験者からの助言を求めるべきこと、⑤連立合意の形成に当たって政党は政策項目ごとに要するコストなどについて十分に官僚と協議すべきこと、⑥影の内閣から新内閣への閣僚人事の継続性と官僚上層部の人事の継続性に十分配慮すべきことである。

省庁再編は慎重に

インスティチュート・フォー・ガバメントの二つめの提言は、省庁再編についてである。(8) これまで個別に省庁の合併過程や廃止過程の研究はあったが、悉皆《しっかい》的なデータを収集した研究は皆無であり、ここでは戦後を通して省庁再編と新政権発足との関係が検証されている。

従来の省庁再編では無計画な組織改編が多々見られた。相当額の費用を必要とするにもかかわらず改編に要する財源が用意されず、職員は日々の業務と組織改編に関わる業務の双方を負担せねばならないために業務過多となりがちであった。二〇一〇年五月の報告書では、①組閣や内閣改造と省庁再編とを切り離し、十分な時間を取って準備をしたうえで再編に着手すべきこと、②関係法令の整備などで改編に関与する議会からの十分な検討を経たうえで組織改編を行うべきこと、③内閣府と大蔵省による予算・人員での支援を受けて再編を進めるべきこと、④再編後に費用便益分析などを行って再編の経済効果を検討すべきことが提言された。

また、省庁組織自体の強化のために二〇一〇年二月の報告書は、①内閣府・大蔵省・内閣官房は、組織規模を小さくし、戦略を案出する機関となるべきこと、②各省庁は事務次官の主催する経営委員会を設け、ここに省庁幹部、大臣、民間人からなる補佐チームを糾合して、長期的戦略を立てつつ業務状況の評価を行うべきこと、③省庁間調整を容易にするよう無任所大臣を設け、人事と情報システムの標準化を進め、昇進などに際して省庁間調整の実績を重視すべきことを提言している。

野党が政策形成を活発にするには

第三の提言は、野党の政策形成についてである。(9) そもそも与党になると日々の行政事務を処理する必要があるため新しく政策形成を考える時間的余裕がない。また連立政権を安定化させるため、キャメロン内閣は二〇一五年まで首相が解散権を行使しないという法律を成立させている。つまり、この十五年に向けて野党が政策形成のスケジュールを立てられるという好条件がある。そこで、重要と考える政策については、専門家を動員した政策委員会を設立して政策革新の準備を進めるべきと提言している。

他方で、そのためには「政策の成功」とは何かという問題の検討が不可欠である。一連の報告書では、①明確な目標、②過去の政策構想の検討と根拠の的確な援用、③政策の厳格なデザイン、④外部の関係者への応答、⑤ほかの選択肢との比較検討、⑥中央政府の責任範囲の明確化、⑦評価メカニズムの構築を、政策の成功の条件としている。これらをチェックリストとして、与野党とも政策革新を進めるべきだというのである。

四つの提言

このように、政権交代を積み重ねたイギリスにおいてさえ政権移行は決して容易ではない。野党が与党となり野党時代に構想した政策を具体化するには、大きな障害がいくつも横たわっている。近過去に二度の政権交代を経験したにすぎない日本政治が、いまだこれに不慣れなのは当然である。必要なのは、イギリスなど諸外国から学習しつつ、政権交代を進化させるための制度設計を構想し続けることである。以下にそのための提言を四つの柱に分けて行いたい。

第一に、野党時代に、与党法案の修正に尽力するよりは、与党になったときに備えて実行可能な政策を構想すべきである。民主党が決定的に失敗したため、日本の政界は、今やその手がかりを見いだせなくなっているように思われる。ここでは何よりも、政策を練り上げる過程からその類型化を図ることが必要である。一つには議員に可能な既存の法律の微修正を図る政策、二つには民間の専門家を政策委員会に加えてゼロベースで案を構想する政策、三つには首長経験者、地方議員、国及び地方の官僚経験者などから政策の現場に即したアイディアを集めて構想する政策といった類型がさしあたって考えられる。野党は、マニフェストに政策案を提示するまでに、これらの類型に応じた政策形成の手続きを整備しなければならないであろう。

第二に、政権獲得前の野党と官僚との接触ルールを整備しなければならない。日本では、野党と官僚の接触はイギリスなど諸外国よりも容易だが、官僚から内閣提出法案に対し了解を求める「ご説明」とでもいうべき形が通例である。これは法案の国会通過を狙う与党の利益でもあるからである。だが、選挙前に野党と官僚がマニフェスト作成について接触するのは、与党にとっては不利益以外の何物でもない。また官僚がどの程度これに応じるかについては、確固たる先例がない。

そもそも官僚にとり、第一次的な忠誠の対象は、与党が組織している現政権である。ダグラス＝ヒューム内閣以後のイギリスでさえも、ルール上は官僚と野党とが接触可能な期間の中でさえ、内閣は非公式にその接触を様々な形で妨害していたという。今後日本で同様の事態が生じないよう、公正な政権交代を行うための監視が必要である。とりわけマスメディアには、与野党・官僚の接触の監視を果たすアンパイアとしての責務がある。

第三に、マニフェストを掲げ、その中でさしあたり着手可能な案件を絞り込むべきである。野党がマニフェストに具体的な政策項目を掲げたとしても、これを実際に執行可能な法案に仕立てるには、いまだ高い障壁がある。十八年ぶりに政権を獲得した労働党のブレア内閣は、旧年の労働党から脱皮したことを示す「ニューレイバー」の看板を掲げて周到な準備を重ねたものの、ブレア自身閣僚経験が皆無で、当初は混乱することも稀ではなかった。

これを補ったのは、外部から登用されたアドバイザーであった。ところがこのアドバイザーは能力と職業倫理の両面において資質が様々であり、また登用したアドバイザーを使いこなす大臣の能力にも大きな個人差があった。そのため大臣の経営能力の醸成と、アドバイザーの行為規範の確立とが必須となった。これは日本の民主党政権、第二次安倍内閣などで今後内閣官房参与などの立場で政府に任用される補佐集団にも当てはまるであろう。こうしたアドバイザーの登用については、その是非や資質などについてより議論されてしかるべきである。

第四に、省庁再編は慎重に行うべきである。日本では二〇〇九年の総選挙前から、法律事項であるために、政権交代後の速やかな省庁再編が難しいことが指摘されていた。法律でなく行政規則で省庁を設置できるイギリスでも、省庁再編に伴い旧来の省庁の所管する法律の整理が議会審議にかかることもあり、省庁設置後、組織として完成するまで二年近くかかる事例もあったという。日本でもイギリスでも、政権交代後に導入した新制度が落ち着くまで二年ほどかかることが常態であろう。こうしたタイム・コストを念頭に置いて政権の準備ができているかどうかが、政党の統治能力を判断する一つの基準である。やはり政権交代に各党が習熟するまでは、省庁再編を構想するのは控え、既存の省庁体制の中での政策革新を追求すべきであろう。

現在の日本政治では、道州制、公務員制度改革、省庁再編から憲法改正まで、政党は選挙に向けて、大規模な制度改革による政策転換を掲げる傾向がなお強い。だが、これまで見てきたように、行政改革は長期政権の延命のための仕掛けにはなりえても、政権交代後の新政権の課題とするにはあまりにも困難なプロジェクトである。自民党政治からの「脱却」を唱えて惨めな失敗に終わった民主党政権は、この点について決定的に無自覚であった。憲法改正についても、国会の発議要件の緩和は、結局は国会議員が憲法を無造作に扱う余地を広げることにしかならないであろう。第二次安倍内閣が憲法改正を強調するのは、野党時代に具体的な政策構想に乏しかったことの穴埋めと言うべきである。

内外の政策課題が山積する状況下では、野党は政策革新の準備を十分に行わなければならない。そしてこの大胆な政策革新の基礎となるのは、遠い将来を見据えた長期的な政治構想である。これこそ、政権を奪取してから案出するのは全く不可能である。かつての自民党が諮問機関を設置し、民間の有識者を巻き込んで数十年先を見据えた政策構想を作り上げることができたのは、あくまでも長期政権であったからである。政権交代の時代においては、これを野党時代の政権獲得前に十分検討しておく必要がある。

政権交代への想像力

政権交代の結果、選挙前の野党が与党になった際には、二年ほどは慎重な政策転換を目指すべきであろう。その際には、まず実現できる課題の絞り込みとその順序づけが、戦略の要である。また、マニフェスト違反を指摘されないよう、政策を具体化する検討状況を公開することが必要である。イギリスでは、こうした中間的な検討状況をグリーンペーパーと銘打って公開し、その中で最終的に政策へと具体化する場合には、ホワイトペーパーという最終報告書が作成される。この中間段階のグリーンペーパーに類する報告書をどのように作り上げるかは、政権交代の時代の各党にとっては重要な課題である。仮に最終案に至らずとも、検討状況を示すことで、将来の政権の議題を具体化する段階までは作業を進めたと主張できるからである。

次に、突発状況への対応の余地を残しておかなければならない。民主党政権下では、内外の危機のたびに首相と周囲のスタッフの精神的動揺が垣間見られた。閣僚経験の少なさに起因するとも言えるが、野党時代から真剣に与党としての責任を担う覚悟を備えるよう努力しなければならないであろう。

最後に、野党と官僚の接触ルールの制度化など、先に述べてきたような政権移行を円滑化する制度設計を進めなければならない。これは政党を規律し、かつその成長を促進する仕組みである。各党の自助努力に任せるだけでは、政権交代の失敗のコストを国民が引き受けなければならない。やはりそうしたコストを下げるための制度上の工夫が検討されなければならない。インスティチュート・フォー・ガバメントのように、いずれの党にも与さず、官僚の実務経験を重要な足場にしながら、政権交代の制度化を提言することで一歩引いた立場から政治の裁定者たらんとする機関は、これからの日本に必要不可欠ではないだろうか。

日本において政権交代の「進化」を実感するには、まだ長い年月が必要であろう。私たちは、いまだ政権交代に対する想像力が欠如しているように思われる。そのときどきの政権の可否を、安易に政権交代の是非に結びつけるべきではない。政権交代とは数十年を超える長いプロジェクトであり、私たちはいまだその入口に立っているに過ぎないのである。

おわりに

激しく動揺する政治とネット社会

二〇〇九年、二〇一二年の総選挙による政権交代では、それぞれ民主党、自民党が地滑りのような勝利を収めた。有権者の投票先は激しく振れたのである。二〇〇五年の郵政解散で自民党が圧勝したことを考え合わせると、二〇〇〇年代半ばから、見かけの上では、政治は動揺を続けている。

これはインターネットの発達と軌を一にしているかのようである。振り返ると、ちょうど小泉内閣の時代が画期である。このときにe-japan計画が実施され、光回線の普及や官邸ホームページの充実など、インターネットを本格的に利用するためのインフラが整備されていったからである。

パソコンのOSのリリースやインターネット事業の開始、主要なツールの発売などを、政権の成立年と合わせてプロットしてみると、次ページのような表になる。村山富市内閣時代にウィンドウズ95が発売され、その普及と合わせてインターネットがブームとなる。また、情報公開の流れを受けて、政権は政府審議会などの議事録の公開を進めた。インターネットで豊富な政策情報を入手する時代の幕開けである。

政治・社会の主な出来事と情報技術の発展

1995（年）	村山内閣が政府審議会議事録の公開を進める	Windows 95発売
2001	小泉内閣成立。「小泉内閣メールマガジン」創刊	Windows XP発売 Yahoo! BBがサービス開始
2005		YouTube、サービス開始
2006	小泉内閣退陣、第一次安倍内閣が成立	ニコニコ動画、サービス開始
2008	アメリカ大統領選でオバマ当選	iPhoneが日本で発売 TwitterとFacebook、日本語サービス開始
2009	政権交代。鳩山内閣が「事業仕分け」を開始	
2010	尖閣諸島で海保巡視船と中国漁船が衝突	
2011	中東で民主化の波。東日本大震災。反原発デモ開始	LINE、サービス開始
2012	政権交代。第二次安倍内閣が成立	

だが、豊富な情報を大量かつ瞬時に入手するには、ブロードバンドの普及が不可欠である。小泉純一郎内閣の成立と前後して、低料金を設定したヤフーBBがサービスを開始し、光回線も整備される。OSも、扱いやすいWindows XPが登場する。動画やブログ、Twitterといったサービスは主としてこの上で展開された。第一次安倍晋三内閣のときに、首相の国会演説は動画サイトで全篇を繰り返し確認できた。二〇〇九年の総選挙で、民主党と自民党のマニフェストは、いとも簡単にインターネットでダウンロードし見比べることができた。民主党政権下で、尖閣諸島において海上保安庁の巡視船と衝突した中国漁船の動きも、動

画サイトを通じて全国に広まった。行政刷新会議の事業仕分けはツイッターで同時中継され、鳩山由紀夫内閣の施策の中ではもっとも評価の高いものとなった。小泉以後の政治の転換はインターネットの影響を無視できない。ネット上では、映像は手軽に何度も見られる。数秒間のニュース映像の中で好感度を高めれば支持率が上がるというわけにはいかない。テレビは、政治にかかわる映像を独占的に報道するメディアではなくなったのである。

加えて、Facebookに代表されるソーシャル・ネットワークの普及によって、人と人とのつながりが容易になった。おおむね二〇〇五年前後に始まったソーシャル・ネットワークのサービスは、二〇〇八年のアメリカ大統領選挙でオバマ候補を当選させる原動力となった。二〇一一年のアラブ諸国の民主化、東日本大震災時の福島第一原子力発電所事故後、首相官邸前で毎週末に行われた反原発デモもまた、こうしたサービスによって広まったと言えるであろう。

インターネットは瞬時に大量の情報を流すことができ、それに伴い多数の人々を動員できる。こうした情報と人のつながりは、政治の場で急激な政党支持の拡散を可能にすると同時に、瞬時に権力への対抗運動をも組織化しうる。とどまるところなく政治が動揺する根源がここにあるかのようである。

「政策実行」の構造は変わるか

しかしながら、ソーシャル・ネットワークのサービスが二〇〇〇年代後半に普及した後、コミュニケーション・ツールを一新するような技術革新は生じていない。もちろん、さらなる技術革新が今後生ずれば、より瞬間的な激変が政治を襲うこともありうる。だが少なくとも二〇一〇年代前半は、ソーシャル・ネットワークとスマートフォンが緩慢なペースで普及を続ける時代に入っているのである。しかも、二〇一二年の総選挙後、自民党に代わる政権担当能力ある政党を見いだせず、自民党への期待が高まりつつある。かつての長期政権の再来を期待する向きもないではない。やはり、長期政権の下で形成された自民党を支持する構造は、インターネットでの支持のように瞬時に大量に移動することで壊滅するものとも思われない。

本書は自民党という政党を、政権の初代首相であった鳩山一郎が述べたように、「政策実行」を構造化した政治組織ととらえた。選挙の投票行動は、ウェブサイトでボタンをクリックするようにして、簡単に別の党へ移りうる。だが、求められている「政策実行」の構造は、政策の成功が保障される必要がある以上、簡単には変わらないことが、民主党政権の三年間の混迷で判明した。二〇一三年現在は、技術革新なきソーシャル・ネットワークの普及とともに、やはりソーシャル・ネットワークを愛用する安倍首相率いる自民党政権が、かつての長期政権の構造を再現しようとしているかのようである。

選挙行動と「政策実行」、IT化の急速な推進と技術革新の停滞。今や瞬間的な大量移動と変わりにくい構造とが、政治でもネット社会でもせめぎあっている。IT化が経済のグローバル化を加速し、金融危機があっという間に諸国に襲いかかっても、国際的な政策介入の枠組みで世界大の経済の失速が食い止められている。インターネットを見ていると、世界が一瞬で組み変わるようでありながら、ふと我に返るとリアルな日常生活は淡々と昨日の世界のまま続いていく。

そこで今、かみしめるべきなのは、一九九〇年代型改革後の「改革の時代」である。一つ一つの緻密な統治機構改革、小さな改革を切れ目なく進める構造改革を通じて、二〇〇〇年代には徐々に変化の兆しが生じていた。なるほど小泉首相の「官邸主導」の政策形成は、その一つの試みであった。だが本書で分析したように、小泉内閣の構造改革自体は、意外にも地味な言葉の積み重ねによって、政策の変更を図っていたのである。耳目を引く「大胆な」改革よりも、地道な制度変更の努力と、政策革新の試みを続けることが必要である。

そのとき政権交代は、劇的な政権党の交代であると同時に、日常の風景になってゆくだろう。政権交代を恐れるのではなく、これを常識の世界に導いていくための仕掛けはそこにしかないのである。

注

はじめに

（1） Paul't Hart and John Uhr, *How Power Changes Hands: Transition and Succession in Government*, Palgrave Macmillan, 2011.

（2） 牧原出『行政改革と調整のシステム』東京大学出版会、二〇〇九年。

第一章

（1）『朝日新聞』一九五五年十一月二十二日（夕刊）。

（2） 河野一之『私の履歴書』日経事業出版社、一九八二年、一〇四―一〇八頁。

（3） 河野一之「政治のルールを作れ」『東京新聞』一九五六年五月二日（同『財経凹凸鏡』財務出版、一九七五年、三三五―三三八頁）。

（4） 前掲『私の履歴書』、一〇六頁。

（5） 石田博英「保守政党のビジョン」『中央公論』一九六三年一月号。

（6） 升味準之輔「一九五五年の政治体制」『思想』一九六四年六月号（同『現代日本の政治体制』岩波書店、一九六九年、一九五―三一四頁）。

（7） 同右、五五頁。

（8） 同右、五五頁。

(9) 同右、七〇頁。
(10) 粕谷一希「解説　吉田茂という存在」(吉田茂『日本を決定した百年』中公文庫、一九九九年、二九四頁)。
(11) 高坂正堯『宰相吉田茂』中央公論社、一九六八年、五六頁。
(12) 同右、六七―六八頁。
(13) 同右、四六頁。
(14) たとえば、楠田實『楠田實日記』中央公論新社、二〇〇一年、一九七〇年三月十四日の条。
(15) 宮澤喜一・高坂正堯『美しい日本への挑戦』文藝春秋、一九八四年、二一三頁。
(16) 同右、一九三頁。
(17) 山田栄三『正伝佐藤栄作　下』新潮社、一九八八年、六四頁。
(18) 『岸後援会々報』一九六五年七月一日(山口県田布施町郷土館所蔵『岸信介関係文書』、四〇六)。
(19) 小和田次郎『デスク日記3』みすず叢書、一九六七年、一五六頁。
(20) 楠田實『首席秘書官』文藝春秋、一九七五年、四一頁。
(21) 前掲『楠田實日記』一九六七年十二月二十五日、一九六八年一月二十五日、一月二十六日、七月二十五日、八月十二日、九月二十日の条。
(22) 御厨貴、政策研究大学院大学『宮澤喜一オーラル・ヒストリー』二〇〇四年、一二九頁。
(23) 同右、一三七―一三八頁。
(24) 伊藤昌哉『池田勇人その生と死』至誠堂、一九六六年、一二七頁。
(25) 同右、一五〇―一五一頁。
(26) 同右、一三五頁。

（27）前掲『楠田實日記』一九七〇年一月七日の条。
（28）なお、一九七一年七月の佐藤内閣最後の改造で竹下登が官房長官に就任するが、木村は経企庁長官に就任している。これも「複数官房長官制」を継続させたことを意味しているものと思われる。
（29）翁久次郎「物事の軽重教えられる」（保利茂伝刊行委員会編『追想保利茂』保利茂伝刊行委員会、一九八五年、二四九―二五〇頁）。
（30）牧原出「戦後日本の『内閣官僚』の形成」『年報政治学』二〇〇四年。
（31）佐藤榮作『佐藤榮作日記』（第五巻）朝日新聞社、一九九七年、一九七二年七月二十六日の条。
（32）翁久次郎『思い出の人びと』中央法規出版、一九八三年、一〇三頁。
（33）東京大学先端科学技術研究センター・東北大学大学院法学研究科『吉國一郎オーラルヒストリーⅠ』二〇一一年、二四頁。
（34）佐藤榮作『佐藤榮作日記』（第六巻）朝日新聞社、一九九九年、一九七四年四月四日の条。以下、同日記は第六巻から引用する。
（35）『朝日新聞』一九七四年十一月二十八日。
（36）顧問は党則上は条件を規定していないが、運用上は首相経験者、両院議長経験者、二十五年以上勤続の国会議員であったとされている（『朝日新聞』一九七四年十一月二十八日）。なお「顧問会議」「長老会議」「最高顧問会議」は新聞による通称であるが、文中ではこの呼称を用いる。
（37）小宮京によれば、長老会議が総裁選任の会となりうるのに対して、戦後の「民主化」の結果、保守政党では「総裁公選」が主張されるようになった（同『自由民主党の誕生』木鐸社、二〇一〇年）。このうち前者の伝統は、一九七〇年代から八〇年代にかけて再登場したのである。
（38）前掲『佐藤榮作日記』一九七四年七月十五日の条。

(39) 同右、一九七四年七月十六日の条。
(40) 田中についてのことと推測されるが、「長老会議に進退をまかすと云ふわけにはいかないか」と福田は佐藤に語った（同右、一九七四年十月十八日の条）。
(41) 『岸信介手帳』一九七九年、末尾の自由記載ページ上の九月二十七日の条。以下、前掲『岸信介関係文書』中の岸の日記・手帳から引用する際には文書番号は記さない（手帳は七一年から八六年までが現存し、文書番号は七四二七―七四四一。日記は七五年から八六年までのものが現存し、文書番号は七三九九―七四一一）。
(42) 前掲『佐藤榮作日記』一九七四年十二月六日。
(43) 福田赳夫『回顧九十年』岩波書店、一九九五年、二一九頁の条。
(44) 『朝日新聞』一九七四年十月二十五日。
(45) 『朝日新聞』一九七四年十二月二十七日（夕刊）。
(46) 土屋清『エコノミスト五十年』山手書房、一九八〇年、九三頁。
(47) 『朝日新聞』一九七六年十二月十七日（夕刊）。
(48) 中村慶一郎『三木政権・七四七日』行政問題研究所、一九八一年、三〇七頁。
(49) 『朝日新聞』一九五九年一月二十八日、二月二日。
(50) 『朝日新聞』一九五九年七月八日（夕刊）、七月十日。
(51) 『朝日新聞』一九五七年三月十八日（夕刊）、一九六〇年三月二十一日（夕刊）。
(52) 長富祐一郎『近代を超えて　上』大蔵財務協会、一九八三年、一三八頁。
(53) 財務省財務総合政策研究所財政史室編『昭和財政史　昭和四十九―六十三年度　第二巻　予算』東洋経済新報社、二〇〇四年、一五〇―一五三頁、二〇三―二〇五頁。

(54)『朝日新聞』一九七七年七月十二日。
(55)『朝日新聞』一九七七年四月十三日。「5・30顧問会（4・25党大会）」と岸は十二日の日記に記している。
(56)『朝日新聞』一九七八年三月二十五日（夕刊）、二十九日。
(57)『朝日新聞』一九七八年七月二十五日、二十九日。
(58)『朝日新聞』一九七八年八月九日（夕刊）、十二日。
(59)『朝日新聞』一九七八年十一月二十一日、二十五日、二十九日。岸が身辺の出来事を記載するようになるのは政界を引退した七九年以降の日記においてであり、七八年の岸日記は記録が散漫である。そのためか、長老会議についての記載は、十一月二十日に「12・00長老会（党本部）」、二十八日に「5・00長老会ギ（党本部）」とあるのみである。
(60)『読売新聞』一九七八年十一月二十九日。
(61)「手帖」一九六一年（国立国会図書館憲政資料室所蔵『椎名悦三郎関係文書』、三四）。
(62)経済安定本部に参画したエコノミストの稲葉秀三は、佐藤首相の引退後を見据えて「総理を真に元老にするため、二、三年その道作りをや」るよう勧めた（前掲『楠田實日記』一九七一年八月二十六日の条）。
(63)前掲『回顧九十年』、三二八頁。
(64)「手帖」一九七四年十月三日（前掲『椎名悦三郎関係文書』、一〇四）。
(65)伊藤昌哉『自民党戦国史』朝日ソノラマ、一九八二年、四六二―四六三頁。
(66)前掲『近代を超えて　上』、一頁。
(67)辻井喬『茜色の空』文藝春秋、二〇一〇年、三五九―三六〇頁。

(68)『朝日新聞』一九七九年五月六日。
(69)『朝日新聞』一九七九年五月二十四日。
(70)『朝日新聞』一九七九年七月二十六日。
(71)『朝日新聞』一九七九年十二月二十六日。
(72)自由民主党編『自由民主党史　資料編』一九八七年、五一頁。
(73)竹下登『証言　保守政権』読売新聞社、一九九一年、一三一頁。
(74)後藤田正晴『情と理　下』講談社、一九九八年。ここでは、鈴木・宮澤・竹下の同席の上で、首相から竹下・後藤田に依頼があったと回顧されている。注(73)で竹下が後藤田と同席した場で、鈴木首相から指示を受けたと記すように、特に「一致団結」を重視する田中派の政治家には、何を決めたかよりは、同席した政治家間で一定の合意がなされたことの意味を重視する傾向がある。
(75)中曾根康弘『天地有情』文藝春秋、一九九六年、三三七頁。
(76)『岸信介日記』一九八一年十一月三十日の条。
(77)同右、一九八二年二月十九日の条。
(78)岸信介・矢次一夫・伊藤隆『岸信介の回想』文藝春秋、一九八一年。
(79)「岸信介宛中曾根康弘書翰」一九八一年八月二十八日(前掲『岸信介関係文書』、一〇一四)。
(80)『朝日新聞』一九八二年四月二十六日。
(81)『岸信介日記』一九八二年五月二十一日、六月十九日の条。
(82)『朝日新聞』一九八二年九月十四日。
(83)『朝日新聞』一九八二年九月二十二日。
(84)『岸信介日記』一九八二年九月十日の条。

(85) 東京大学先端科学技術研究センター・東北大学大学院法学研究科『片桐幸雄オーラルヒストリー』二〇一三年、四一―五三頁。
(86) 憲法調査会『憲法調査会報告書付属文書第一号　憲法調査会における各委員の意見』一九六四年七月二十五日、二九七頁。
(87) 憲法調査会『憲法調査会第八十二回総会議事録』一九六二年七月四日、三四―三五頁。当時アジア政治・日本政治研究者のロバート・A・スカラピーノは、日本の政党を国民から遊離した議員クラブだと指摘していた。また「ガスをのんだり、じやりを食つたり」というのは、大正期に東京市会で砂利工事、ガス料金値上げをめぐって、予算の横流しや議員の買収が行われた事件を指している。
(88) 同右、六一―六二頁。
(89) 『岸信介日記』十月十六日の条。『朝日新聞』一九八四年十月十七日。
(90) 同右、一九八三年十二月二十三日、一九八四年四月十一日、十月十六日の条。

第二章

(1) 司法制度改革審議会『司法制度改革審議会意見書』二〇〇一年六月十二日。
(2) R・ホーフスタッター『改革の時代』みすず書房、一九八八年、一頁。
(3) Frank J. Schwartz, *Advice and Consent: The Politics of Consultation in Japan*, Cambridge University Press, 1998.
(4) 地方分権推進委員会『中間報告』一九九六年三月二十九日。
(5) 行政改革会議『最終報告』一九九七年十二月三日。
(6) 細川護熙『内訟録　細川護熙総理大臣日記』日本経済新聞社、二〇一〇年、三八四―三八五頁。

(7) 御厨貴・牧原出編『聞き書　武村正義回顧録』岩波書店、二〇一一年、一四九頁。
(8) この言葉は、中曾根康弘が首相退任に当たって発表した文章の一節であるが、小泉内閣は、ここで考えられていた情報化社会での政治のあり方に十分自覚的であった。中曾根康弘「首相官邸を去るに際して」『文藝春秋』一九八七年十二月号、一〇四頁。
(9) 田中耕太郎『私の履歴書』春秋社、一九六一年、八六頁。
(10) この過程については、牧原出「『部分社会』と『象牙の塔』」（飯尾潤・苅部直・牧原出『政治を生きる』中央公論新社、二〇一二年）で論じた。

第三章

(1) 船橋洋一『同盟漂流』岩波書店、一九九七年、八頁。
(2) 『朝日新聞』二〇〇一年五月五日。
(3) 猪瀬直樹『道路の権力』文藝春秋、二〇〇三年。田中一昭『偽りの民営化』ワック、二〇〇四年。
(4) 前掲『片桐幸雄オーラルヒストリー』二〇一三年。
(5) 牧原出『内閣政治と「大蔵省支配」』中央公論新社、二〇〇三年。
(6) 薬師寺泰蔵ほか『日本経済「知」の処方箋』ＴＢＳブリタニカ、一九八七年、二頁。
(7) 「経済財政諮問会議議事録」二〇〇一年一月六日。
(8) 同右、二〇〇一年五月十八日。
(9) 同右、二〇〇一年五月三十一日。
(10) Bernard Donoughue, *The Heat of the Kitchen*, Politico's, 2003, p.72.
(11) 信田智人『官邸外交』朝日新聞社、二〇〇四年、二六頁。

（12）前掲『内閣政治と「大蔵省支配」』。
（13）大嶽秀夫『日本型ポピュリズム』中央公論新社、二〇〇三年、一八六頁。
（14）『金融財政事情』二〇〇二年十一月十一日号、六頁。
（15）『朝日新聞』二〇〇四年四月六日。
（16）『朝日新聞』二〇〇四年四月二十八日。

第四章

（1）愛知用水公団『水資源開発関係二法案の経過』一九六一年十二月、二九頁。
（2）自由民主党政調会 e-Japan 重点計画特命委員会「緊急申入れ」二〇〇一年十一月一日（http://www.kantei.go.jp/jp/singi/it2/dai7/7siryou18.html）。二〇一三年六月六日アクセス。
（3）前掲『内閣政治と「大蔵省支配」』。
（4）ここでは武村正義のように内閣官房長官と大蔵大臣を歴任した政治家や、内閣官房へ勤務した官僚へのオーラル・ヒストリー・プロジェクトから得た知見に基づいて類型化を行った。前者については、前掲『聞き書　武村正義回顧録』で、その一部を公表した。
（5）Hugh Heclo and Aaron Wildavsky, *The Private Government of Public Money*, Second Edition, Macmillan Press, 1981. R. A. W. Rhodes, *The National World of Local Government*, Allen & Unwin, 1986. Jack Hayward and Vincent Wright, *Governing from the Centre*, Oxford University Press, 2002.
（6）Hugh Heclo, “Issue Networks and the Executive Establishment,” in Anthony King, ed., *The New American Political System*, American Enterprise Institute, 1978, pp.87-124.
（7）行政改革推進事務局に在籍した民間人出向者が執筆したとされる「『公務員制度』放浪記」『官界』

二〇〇二年六—八月号が文献としては挙げられるが、筆者はかつてここに登場したイニシャル入りの官僚たちにインタビューを行い、本文のような「チーム」の存在を確認した。

（8）御厨貴「歴史的に見ても賞味期限が切れた小沢一郎」『中央公論』二〇一〇年三月号。

第五章

（1）「中央省庁等改革推進本部・顧問会議（第二十一回）議事録」二〇〇一年四月十七日。

（2）髙橋洋一『さらば財務省！』講談社、二〇〇八年、二二〇—二二四頁。

（3）屋山太郎「『官僚内閣制』を潰さない限り日本の未来はない」『正論』二〇〇八年五月号。

（4）さしあたり、OECD, *Trust in Government: Ethics Measures in OECD Countries*, 2000.

（5）たとえば、白石均「公務員制度改革をめぐる『土壇場の死闘』全記録」『Ｆｏｒｅｓｉｇｈｔ』二〇〇八年七月号。

第六章

（1）竹下登『政治とは何か』講談社、二〇〇一年、一二二頁。

（2）前掲『聞き書　武村正義回顧録』。

（3）Peter Mandelson, *The Third Man*, HarperCollins, 2011.

（4）Ida E. Burkhalter, ed., *Presidential Transitions: Backgrounds and Issues*, Nova Science Publishers, 2009.

（5）David Richards, "Sustaining the Westminster Model: A Case Study of the Transition in Power between Political Parties in British Government," *Parliamentary Affairs*, Vol.62, No.1, 2009.

(6) Glyn Davis, Alice Ling, Bill Scales and Roger Wilkins, "Rethinking Caretaker Conventions for Australian Governments," *Australian Journal of Public Administration*, Vol.60, No.3, 2001. Anne Tierman and Jennifer Menzies, *Caretaker Conventions in Australia*, ANU E Press, 2007.

(7) Peter Riddell and Catherine Haddon, *Transitions: Preparing for Changes of Government*, Institute for Government, November 2009. Peter Riddell and Catherine Haddon, *Transitions: Lessons Learned*, Institute for Government, November 2011.

(8) Anne White and Patrick Dunleavy, *Making and Breaking Whitehall Departments: A Guide to Machinery of Government Changes*, Institute for Government, May 2010. Simon Parker and Akash Paun, *Shaping Up: A Whitehall for the Future*, Institute for Government, February 2010. Tom Gash and Julian McCrae, *Transformation in the Ministry of Justice: 2010 Interim Report*, Institute for Government, June 2010. Julian McCrae, James Page and Jonathan McClory, *Transformation in the Ministry of Justice: 2011 Interim Evaluation Report*, Institute for Government, June 2011. James Page, Jonathan Pearson, Briana Jurgeit and Marc Kidson, *Transforming Whitehall Departments*, Institute for Government, November 2012.

(9) Michael Hallsworth and Jill Rutter, *Making Policy Better: Improving Whitehall's Core Business*, Institute for Government, April 2011. Jill Rutter, Sam Sims and Edward Marshall, *The 'S' Factors: Lessons from IFG's Policy Success Reunions*, Institute for Government, January 2012. Catherine Haddon, *Making Policy in Opposition: Lessons for Effective Government*, Institute for Government, September 2012.

本書関連年表

西暦（元号）	内閣総理大臣	関係事項
一九五五年（昭和三〇）	鳩山一郎	10月　日本社会党統一
		11月　自由民主党結成
一九五六年（昭和三一）		4月　自民党大会で初代鳩山総裁選出
	12月　石橋湛山	12月　自民党大会で二代石橋総裁選出
一九五七年（昭和三二）	2月　岸　信介	3月　自民党大会で三代岸総裁選出
一九五八年（昭和三三）		10月　警察官職務執行法改正案提出（11月　審議未了に）
一九五九年（昭和三四）		1月　自民党大会で岸総裁再選
一九六〇年（昭和三五）		1月　日米新安保条約・新行政協定調印（16―24日　岸首相、米加訪問）
		5月　衆議院に警官導入、会期延長（20日未明　新安保強行採決）
		6月　全学連デモ国会突入、女子学生死亡。新安保批准書交換、岸退陣表明（7月　総辞職）
	7月　池田勇人	7月　自民党大会で四代池田総裁選出
		9月　自民党、高度成長・所得倍増政策発表
一九六一年（昭和三六）		1月　自民党大会、党近代化方針採択
一九六二年（昭和三七）		7月　自民党総裁公選で池田再選
		11月　池田首相、東南アジア諸国訪問
一九六三年（昭和三八）		1月　自民党大会で党近代化決議採択
一九六四年（昭和三九）		7月　自民党総裁公選で池田三選
		10月　池田首相、病気で辞意表明（11月　総辞職）
	11月	11月　自民党両院議員総会で後継に佐藤榮作指名（12月　五代総裁に追認）
		公明党結成大会

一九六五年（昭和四〇）	佐藤榮作	8月 佐藤首相、戦後首相で初の沖縄訪問
一九六六年（昭和四一）		9月 共和製糖問題など「黒い霧」追及開始 12月 自民党総裁公選で佐藤再選
一九六七年（昭和四二）		1月 第三十一回総選挙（自民得票率五〇％割る）
一九六八年（昭和四三）		11月 自民党総裁公選で佐藤三選
一九六九年（昭和四四）		11月 佐藤首相訪米。沖縄を一九七二年に返還の共同声明
一九七〇年（昭和四五）		10月 自民党大会で佐藤総裁四選
一九七二年（昭和四七）	7月	5月 沖縄施政権返還 6月 田中角栄通産相「日本列島改造論」発表 7月 自民党大会で六代田中総裁選出 9月 田中首相訪中。国交正常化共同声明
一九七三年（昭和四八）	田中角栄	4月 田中首相、小選挙区制採用を表明（5月　断念） 7月 自民党若手が青嵐会結成
一九七四年（昭和四九）	12月	7月 金権選挙批判で福田・三木・保利辞任 10月 「田中角栄研究」を掲載した『文藝春秋』発売 11月 田中首相辞意表明（12月　総辞職） 12月 椎名副総裁裁定で七代三木総裁決定
一九七五年（昭和五〇）	三木武夫	7月 公職選挙法改正案（衆院定数二十増）・政治資金規正法改正案、参院で可否同数、河野議長決裁権で成立
一九七六年（昭和五一）		2月 衆院予算委でロッキード事件追及開始 5月 椎名―福田・大平・田中会談、三木退陣で一致 6月 新自由クラブ結成（河野洋平代表） 7月 ロッキード事件で田中角栄前首相逮捕 8月 自民党反三木勢力、挙党体制確立協議会結成

一九七六年(昭和五一)	三木武夫	12月	第三十四回総選挙
	12月		自民党両院議員総会で八代福田総裁選任
一九七七年(昭和五二)	福田赳夫	3月	自民党福田派が解散。月内に各派閥解散完了
		4月	自民党臨時大会、総裁予備選導入決定
一九七八年(昭和五三)		1月	旧田中派が政治同友会結成（派閥復活）
	12月	11月	自民党初の総裁予備選で大平圧勝、福田決選辞退
一九七九年(昭和五四)	大平正芳	2月	ダグラス・グラマン問題で証人喚問
		10月	第三十五回総選挙。退陣要求巡り首相と実力者会談（四十日抗争）
		11月	首相指名で自民党分裂、衆院指名決選で大平が福田を破る
一九八〇年(昭和五五)		4月	浜田幸一、カジノ賭博表面化で離党（11日　議員辞職）
		5月	大平首相入院（6月　死去）
		6月	衆参同日選挙＝第三十六回総選挙・第十二回参院選
	7月	7月	自民党両院議員総会で十代鈴木総裁選任
	鈴木善幸	12月	第二次臨時行政調査会（第二臨調）設置
一九八一年(昭和五六)		7月	第二臨調が行革一次答申（増税なき財政再建）
一九八二年(昭和五七)		7月	第二臨調三次答申（三公社民営化）
		8月	公職選挙法改正案（参院全国区制を比例代表制に）成立
		9月	行政改革大綱を閣議決定
	11月	11月	自民党総裁予備選で中曽根圧勝。党大会で十一代総裁に選任
一九八三年(昭和五八)		1月	中曽根首相訪米（19日　米誌に「日本列島不沈空母」論）
		3月	第二臨調第五次（最終）答申
		6月	第十三回参院選（比例代表制導入）
		7月	臨時行政改革推進審議会初会合
		11月	レーガン大統領来日。日の出山荘会談

年	首相	事項
	中曾根康弘	12月 第三十七回総選挙。選挙敗北で「いわゆる田中氏の影響力排除」の自民党総裁談話
一九八四年（昭和五九）		9月 臨時教育審議会初会合 10月 自民党総裁選で二階堂擁立工作失敗 自民党両院議員総会で中曽根再選 12月 電電公社民営化法成立
一九八五年（昭和六〇）		2月 田中派竹下グループ、創政会結成。田中元首相、脳卒中で入院 4月 NTT、JT発足
一九八六年（昭和六一）		6月 行革審最終答申 7月 衆参同日選＝第三十八回総選挙・第十四回参院選 11月 国鉄改革関連八法案成立
一九八七年（昭和六二）	11月	2月 売上税法案を国会提出（5月　廃案） 7月 自民竹下派が経世会結成 8月 岸信介死去 10月 中曾根首相が次期総裁に竹下登を指名 自民党大会で十二代竹下総裁選出
一九八八年（昭和六三）	竹下　登	4月 自民税調、間接税導入公表（政府税調も答申） 11月 三木武夫死去 衆院リクルート問題特別委設置
一九八九年（昭和六四、平成元）	6月 宇野宗佑	1月 昭和天皇崩御（「平成」に改元） 4月 竹下首相、リクルート社からの資金提供を公表、予算成立後の総辞職表明 5月 竹下・安倍会談、後継宇野で合意 6月 自民党両院議員総会で十三代宇野総裁選出 米紙が宇野首相の女性問題紹介

年	首相	月	事項
一九八九年（平成元）	宇野宗佑	7月	第十五回参院選。宇野首相、参院選大敗で退陣表明
	8月 海部俊樹	8月	自民党両院議員総会で十四代海部総裁選出
		11月	田中角栄、政界引退表明
一九九〇年（平成二）		10月	国際平和協力法案（ＰＫＯ法案）提出
一九九一年（平成三）		4月	自衛隊掃海部隊をペルシャ湾派遣
		10月	自民党総裁選で十五代宮澤当選
	11月 宮澤喜一		
一九九二年（平成四）		5月	日本新党発足（細川護熙代表）
		8月	金丸副総裁が東京佐川急便からの違法献金を認め辞任（10月　議員辞職）
		10月	竹下派小沢グループが改革フォーラム21旗揚げ
一九九三年（平成五）		3月	金丸副総裁を脱税容疑で逮捕
		6月	新党さきがけ結成（武村正義代表）
			羽田・小沢派離党。新生党結成
		7月	第四十回総選挙（宮澤首相退陣表明）
			自民党第十六代河野総裁選出
	8月 細川護熙	8月	細川護熙内閣（非自民八党派連立）
		12月	田中角栄死去
一九九四年（平成六）		1月	政治改革法案、与野党修正で可決
	4月 羽田　孜	4月	細川首相が政治資金疑惑で辞意。羽田首相指名（社会党は政権離脱）
	6月 村山富市	6月	自民党が内閣不信任案提出
			村山富市内閣（自民・社会・さきがけ三党連立）
		11月	衆院小選挙区区割り法成立
		12月	新進党結成（海部俊樹党首）
一九九五年（平成七）		1月	阪神大震災発生
		3月	地下鉄サリン事件

年	首相	月	事項
		6月	衆院本会議で戦後五十年決議採択
		9月	自民党第十七代橋本総裁選出
一九九六年(平成八)	1月 橋本龍太郎	1月	社会党、社会民主党に党名変更
		9月	(旧)民主党結成(鳩山由紀夫・菅直人共同代表)
		10月	第四十一回総選挙(初の比例代表並立制、自民党勝利)
		11月	行政改革会議発足
一九九七年(平成九)		5月	イギリスで十八年ぶりの労働党政権成立
		4月	(新)民主党結成(菅直人代表)
一九九八年(平成一〇)		6月	社民党とさきがけ、橋本内閣への閣外協力解消
		7月	第十八回参院選(自民党惨敗、民主党躍進)
	7月 小渕恵三	7月	自民党両院議員総会で十八代小渕総裁選出
一九九九年(平成一一)		7月	中央省庁改革関連法案成立
		9月	民主党、鳩山由紀夫代表選出
二〇〇〇年(平成一二)		2月	公職選挙法改正案(衆院比例代表定数二十削減)成立
	4月 森　喜朗	4月	自民党両院議員総会で十九代森総裁選出
二〇〇一年(平成一三)		1月	中央省庁再編実施
	4月 小泉純一郎	4月	自民党総裁選で二十代小泉総裁選出
		6月	経済財政諮問会議が「骨太の方針」発表
		8月	自民党両院議員総会で小泉再選
		9月	アメリカ同時多発テロ
		10月	テロ対策特別措置法案成立
二〇〇二年(平成一四)		1月	小泉首相、田中眞紀子外相更迭
		7月	郵政公社関連法案成立
		9月	小泉首相北朝鮮訪問、第一回日朝首脳会談

二〇〇二年（平成一四）	小泉純一郎	12月	民主党、菅直人代表選出
二〇〇三年（平成一五）		7月	21世紀臨調「政権公約（マニフェスト）に関する緊急提言」
		9月	自民党総裁選で小泉三選
		11月	第四十三回総選挙（初のマニフェスト選挙、民主党躍進）
二〇〇四年（平成一六）		5月	民主党、岡田克也代表選出
		9月	小泉内閣「郵政民営化の基本方針」閣議決定
二〇〇五年（平成一七）		8月	参議院で郵政民営化法案否決、衆議院解散
		9月	第四十四回総選挙（自民党大勝）
			民主党、前原誠司代表選出
		10月	郵政民営化法案成立
		11月	自民党立党五十年記念大会
二〇〇六年（平成一八）		4月	民主党、小沢一郎代表選出
	9月	9月	自民党総裁選で二十一代安倍総裁選出
	安倍晋三	12月	教育基本法改正案成立
二〇〇七年（平成一九）		5月	国民投票法案成立
		7月	第二十一回参院選（民主党圧勝、自民党大敗）
	9月	9月	自民党両院議員総会で二十二代福田総裁選出
二〇〇八年（平成二〇）	福田康夫	1月	新テロ対策特別措置法案、五十七年ぶりの再議決で成立
		4月	ガソリン税の暫定税率を含む税制関連法案、再議決で成立
		9月	アメリカで投資銀行リーマン・ブラザーズ破綻、世界金融危機発生
	9月		自民党両院議員総会で二十三代麻生総裁選出
二〇〇九年（平成二一）	麻生太郎	5月	民主党、鳩山由紀夫代表選出
		8月	第四十五回総選挙（民主党大勝）
	9月	9月	自民党総裁選、二十四代谷垣総裁選出

二〇一〇年（平成二二）	鳩山由紀夫	12月 小沢一郎民主党幹事長、鳩山首相に次年度予算の重点要望提出
		5月 普天間基地県外移設断念を受けて社民党、連立離脱
	6月	
	菅　直人	7月 第二十二回参院選（民主党敗北）
		9月 尖閣諸島中国漁船衝突事件
		民主党代表選挙、菅直人が小沢一郎に勝利
二〇一一年（平成二三）		3月 東日本大震災発生
	9月	
	野田佳彦	11月 大阪府知事・大阪市長選挙で「大阪維新の会」勝利
二〇一二年（平成二四）		6月 衆議院で消費増税など社会保障・税一体改革関連法案可決、小沢一郎らが造反
		8月 参議院で社会保障・税一体改革関連法案可決・成立
		9月 自民党総裁選で二十五代安倍総裁選出
		「日本維新の会」結成（橋下徹代表）
	9月	
	安倍晋三	12月 第四十六回総選挙、自民党大勝。第二次安倍内閣発足
二〇一三年（平成二五）		3月 日本銀行総裁に黒田東彦が就任

は　行

ま　行

や　行

ら　行

わ　行

さ　行

た　行

な　行

索　引

あ　行

か　行

牧原 出——まきはら・いづる

● 1967年、愛知県生まれ。東京大学法学部卒業。東京大学法学部助手、ロンドン・スクール・オブ・エコノミクス客員研究員、東北大学大学院法学研究科教授を経て現在、東京大学先端科学技術研究センター教授。博士（学術）。専門は、史料の分析とオーラル・ヒストリーに基づいた政治学・行政学研究。

● 著書に、『内閣政治と「大蔵省支配」』（中公叢書、サントリー学芸賞）、『行政改革と調整のシステム』（東京大学出版会）、『日本政治外交史』（御厨貴と共著、放送大学教育振興会）、『政治を生きる』（飯尾潤・苅部直と共編著、中公叢書）、『聞き書 武村正義回顧録』『聞き書 野中広務回顧録』（ともに御厨貴と共編、岩波書店）など。

NHKブックス［1205］

権力移行 何が政治を安定させるのか

2013（平成25）年6月25日 第1刷発行

著　者 牧原 出
発行者 溝口明秀
発行所 NHK出版
東京都渋谷区宇田川町41-1 郵便番号 150-8081
電話 03-3780-3317（編集） 0570-000-321（販売）
ホームページ http://www.nhk-book.co.jp
振替 00110-1-49701
［印刷］壮光舎印刷 ［製本］三森製本所 ［装幀］倉田明典

落丁本・乱丁本はお取り替えいたします。
定価はカバーに表示してあります。
ISBN978-4-14-091205-8 C1331